重庆市畜牧技术推广总站 编

重庆草业 2023

中国农业出版社
北　京

图书在版编目（CIP）数据

重庆草业. 2023 / 重庆市畜牧技术推广总站编. —— 北京：中国农业出版社，2025. 4. -- ISBN 978-7-109 -33262-1

Ⅰ. F326.3

中国国家版本馆 CIP 数据核字第 2025MH3187 号

重庆草业 2023

CHONGQING CAOYE 2023

中国农业出版社出版

地址：北京市朝阳区麦子店街 18 号楼

邮编：100125

责任编辑：李昕昱　　文字编辑：李艳青

版式设计：李　文　　责任校对：吴丽婷

印刷：中农印务有限公司

版次：2025 年 4 月第 1 版

印次：2025 年 4 月北京第 1 次印刷

发行：新华书店北京发行所

开本：880mm×1230mm　1/32

印张：2.75

字数：77 千字

定价：32.00 元

编写委员会

主　任：王永红　付　强　贺德华
副主任：李小琴　李发玉　张　科　熊　梅　陈　勇
委　员：王永红　付　强　贺德华　李小琴　熊　梅
　　　　陈　勇　陈东颖　尹权为　刘学福　郭海海

编 写 组

主　　编：李小琴　　陈东颖　　王永红　　张　科

副 主 编：刘学福　　尹权为　　蒋林峰　　樊　莉　　赖　鑫
　　　　　高　敏

编写人员：陈东颖　　李小琴　　王永红　　张　科　　刘学福
　　　　　郭海海　　苟少校　　尹权为　　高　敏　　赖　鑫
　　　　　樊　莉　　陈志宏　　贺德华　　李发玉　　蒋林峰
　　　　　王　震　　程　尚　　张璐璐　　韦艺媛　　荆战星
　　　　　吴　梅　　黎光杨　　张　鹏　　张　丽　　刘明秀
　　　　　熊建国　　罗　登　　陈怡峰　　杨　娥　　沈兴成
　　　　　赵远平　　龚兰芳　　谭兴疆　　李小姝　　陈胡燕
　　　　　王天波　　武延风　　刘仕碧　　赵　洲　　雷　训
　　　　　袁勇飞　　袁　钢　　邹　铭　　彭　亮　　兰兴平
　　　　　阳　勇　　李　剑　　郑德菊　　李　洁　　黄凤禄
　　　　　赵　露　　杨克露　　龚国强　　黄维梁　　庹　展
　　　　　黄光林　　李金容　　许李丽　　罗焊明　　应品芳

前 言
PREFACE

为准确掌握重庆市饲草生产发展形势，便于从事、支持、关心重庆草业的各级领导、有关部门和广大草业工作者了解、研究全市草业发展情况，更好地推进畜牧业高质量发展，依照全国畜牧总站《关于做好2023年度草业统计和2024年草业形势分析数据报送工作的通知》（牧站草〔2023〕133号）等文件要求，重庆市畜牧技术推广总站举办了全市2023年饲草生产调查统计技术培训班，组织开展了草业数据网上填报及相关工作。

在对32个区（县、自治县）报送的2023年草业统计数据资料归纳整理的基础上，收集了重庆市农业农村委员会、重庆市畜牧技术推广总站发布的2023年全市畜牧业主导品种、主推技术，全市2022—2023年发布、实施的饲草暨相关的牛、羊方面地方标准等，编辑出版《重庆草业2023》一书，供读者作为工具资料书查阅。

本书正文分为四章：第一章为草业生产概况；第二章为草业生产统计，包括多年生饲草生产、一年生饲草生产、商品草生产、草产品加工企业生产、农闲田可利用面积、农闲田种草情况等；第三章为天然饲草地利用统计；第四章为重庆市草业相关地方标准制定统计（2022—2023年）。附录包括草业统计指标解释、2023年重庆市草业主导品种和主推技术名录等。

本书涉及的各指标统计数据未包括渝中、大渡口、江北、沙坪坝、九龙坡、南岸6个区；万盛经济技术开发区数据并入綦江区。行政地区"石柱土家族自治县""秀山土家族苗族自治县""酉阳土家族苗族自治县""彭水苗族土家族自治县"分别简称为"石柱县""秀山县""酉阳县""彭水县"。

书中部分数据合计数和相对数由于计量单位取舍不同而产生的计算误差，未做调整。数据项空白表示数据不详或无该项指标数据。

由于个别区（县）统计资料收集不够完整，编辑时间仓促，加之水平有限，难免出现纰漏差错，敬请读者批评指正。

编　　者

2024 年 8 月

目 录
CONTENTS

1

第一章
草业生产概况

2023 年，重庆市按照中央 1 号文件精神、农业农村部相关业务工作要求和重庆市有关发展规划部署，从"大食物观""大生态观"高度，切实落实重要农（畜）产品供给保障责任，深刻领会、全面理解"坚决制止耕地'非农化'行为""防止耕地'非粮化'利用"等一系列政策，结合"饲用豆粕减量替代行动"工作部署，根据乡村实情和产业发展现状、乡村振兴目标，合理利用土地、气候等各种资源，种（植）养（殖）结合、绿色循环，着力宣传、开展饲草饲料生产和农副产品开发利用技术示范、推广，合力提升畜牧生产整体水平，为全市畜牧业高质量发展奠定基础。

一、人工饲草种植生产情况

（一）种植面积、保留面积情况

受耕地利用、产业发展相关政策等因素影响，根据统计数据，2023 年重庆市人工种植饲草 29.13 万亩*，其中一年生饲草 26.82 万亩，多年生饲草 2.31 万亩（2022 年人工种植饲草 30.06 万亩，其中一年生饲草 27.14 万亩，多年生饲草 2.92 万亩），分别减少 0.93 万亩、0.32 万亩、0.61 万亩，同比分别下降 3.09%、1.18%、20.89%。

---

* 亩为非法定计量单位，1 亩≈666.67 米^2。——编者注

2023 年年末，人工种植饲草保留面积 46.16 万亩，其中多年生饲草 19.35 万亩（2022 年保留面积 46.32 万亩，其中多年生饲草 19.18 万亩）；分别增加−0.16 万亩、0.17 万亩，同比分别增长−0.34%、0.89%。

（二）饲草产量明显增加

2023 年，重庆市气候常年偏好。全年人工饲草产量（以干草计，下同）49.23 万吨，其中一年生饲草 25.81 万吨、多年生饲草 23.42 万吨（2022 年人工饲草产量 44.82 万吨，其中一年生饲草 24.53 万吨、多年生饲草 20.29 万吨）。分别增加 4.41 万吨、1.28 万吨、3.13 万吨，同比分别增长 9.84%、5.22%、15.43%。

（三）青贮调制显著增长

2023 年，重庆市全年青贮狼尾草、全株玉米、青饲青贮高粱等饲草（以鲜草计，下同）产量 28.04 万吨，其中一年生饲草 19.35 万吨，多年生饲草 8.69 万吨（2022 年青贮饲草 20.32 万吨，其中一年生饲草 15.16 万吨，多年生饲草 5.16 万吨）。分别增加 7.72 万吨、4.19 万吨、3.53 万吨，同比分别增长 37.99%、27.64%、68.41%。

饲草收贮面积 10.89 万亩，其中一年生饲草收贮面积 9.35 万亩、多年生饲草收贮面积 1.54 万亩。

二、商品草生产与销售情况

（一）商品草生产区（县）和种植面积均增加

2023 年，重庆市有丰都、永川、荣昌、彭水等 9 个区（县）涉及商品饲草生产，较上年增加 3 个区（县）。梁平区前几年持续进行商品饲草生产的企业却未见生产。

2023 年，全年商品饲草生产涉及收贮面积 1.12 万亩，比 2022

年的 0.98 万亩增加 0.14 万亩，同比增长 14.28%。其中，狼尾草属商品饲草生产面积 1.07 万亩，青贮玉米全株生产面积 0.05 万亩。

除黔江区有青贮玉米商品饲草生产外，剩余区（县）的商品饲草均为狼尾草属高大高产牧草。

（二）商品饲草单产和总量均有增长

根据数据统计，2023 年重庆市商品饲草单位面积产量（以干草计）2 365.8 千克/亩，较 2022 年的 1 708.8 千克/亩增加 657 千克/亩，增长 38.45%，增幅显著。说明自然气候状况对商品饲草生产具有较强的影响。

2023 年，全年商品饲草以青贮饲料为主，总量（以鲜草计）3.35 万吨，比 2022 年的 2.56 万吨增加 0.79 万吨，同比增长 30.86%。其中，1 450 吨为玉米全株青贮饲料，其余均为狼尾草属牧草。

（三）青贮饲草销售量增加

2023 年，全年青贮饲草销售 2.54 万吨，比 2022 年的 2.18 万吨增加 0.36 万吨，增长 16.51%。

另外，在重庆市的璧山、忠县、酉阳等地，都有饲草企业直接售卖鲜草，地头交割。年交易量数千吨。

三、草产品生产企业情况

2023 年，重庆市有 13 家草产品生产企业（2022 年有 4 家草产品生产企业），企业数量增加较多。全年生产青贮产品 3.35 万吨，比 2022 年的 1.76 万吨增加 1.59 万吨，增长 90.34%。

重庆市酉阳县翰勇皇竹草种植专业合作社、璧山区佰佑农机专业合作社联合社等，主要生产、销售狼尾草鲜草，地头实物交割。忠县重庆万钱军粮牧草种植有限公司、重庆市畜粮农业发展有限公司等，也有部分狼尾草鲜草直接售卖。

四、农副资源利用情况

2023 年，饲料化利用玉米秸秆、水稻秸秆、红薯秧、花生秧等农副产品和酒糟等糟渣类资源 133.61 万吨，比 2022 年的 72.06 万吨增加 61.55 万吨，增长 85.41%。其中，加工后利用 18.08 万吨，比 2022 年的 9.45 万吨增加 8.63 万吨，增长 91.32%。

五、农闲田利用情况

据不完全统计，2023 年重庆市农闲田（地）可种草面积 526.57 万亩，比 2022 年的 524.94 万亩增加 1.63 万亩，增长 0.31%。已种草面积 15.06 万亩，比 2022 年的 14.55 万亩增加 0.51 万亩，增长 3.51%。

全市可种草农闲田（地）2.86% 的利用率表明，充分利用季节性农闲田、经果林地、轮歇地、"四边"地等人工种植饲草，是在现有政策和自然禀赋条件下，大力发展饲草和高质量草食畜牧业的巨大潜力所在。

六、天然饲草地利用情况

据不完全统计，2023 年重庆市天然饲草地累计承包面积 133.11 万亩，比 2022 年的 126.24 万亩增加 6.87 万亩，增长 5.44%。禁牧休牧轮牧面积 77.1 万亩，比 2022 年的 78.2 万亩减少 1.1 万亩，下降 1.41%；其中轮牧面积 31.49 万亩，比 2022 年的 32.78 万亩减少 1.29 万亩，下降 3.94%。

2023 年，放牧等利用天然草地面积 205.24 万亩，比 2022 年的 201.52 万亩增加 3.72 万亩，增长 1.85%。

七、草业形势分析固定监测企业情况

重庆市丰都县定点调查的1家饲草生产企业，2023年年末保留面积0.15万亩，种植饲草种类为多年生狼尾草，较2022年减少0.07万亩的全株玉米青贮、青饲青贮高粱种植面积。全年刈割1茬，产狼尾草5 700吨（以干草计）。其中，部分加工调制为青贮饲料，全年无销售，年底青贮存量6 200吨（鲜重）。

定点调查监测的1家奶牛养殖企业，2023年年末存栏617头，其中成年母牛390头（泌乳牛333头）。

全年自制全株玉米青贮料4 290吨，消费使用4 080吨。采购苜蓿干草378吨，消费使用372吨。采购燕麦干草497吨，消费使用318吨。采购小麦秸秆31吨，消费使用16吨。

定点调查监测的4家肉牛养殖企业均采用自繁自养＋短期育肥模式生产肉牛。全年出栏8 435头，年末存栏8 535头。

全年自产自制狼尾草青贮料5 535吨，使用4 414吨。采购水稻秸秆3 391吨，使用2 904吨。采购小麦秸秆1 450吨，使用1 156吨。采购玉米秸秆1 666吨，使用1 195吨。

定点调查监测的1家肉羊养殖企业，自繁自养大足黑山羊地方品种，全年出栏2 362只，年末存栏2 549只。

全年自产自制饲草料720吨，使用572吨。

第二章
草业生产统计

一、饲草种植与草种生产情况

2023 年，重庆市饲草种植与草种生产情况见表 2－1。

表 2－1 饲草种植与草种生产情况

行政区划	人工种草保留面积/万亩	当年种草面积/万亩			当年耕地种草面积/万亩	草种田面积/万亩	种子产量/吨		秸秆产量/吨	秸秆饲用量/吨	秸秆加工饲用量/吨	其他农副资源饲用量/吨
			当年一年生种草面积	当年多年生种草面积			多年生种子产量	一年生种子产量				
重庆市	46.163	29.126	26.816	2.310	25.935				4 728 567	713 552	180 821	622 582
万州区	5.367	3.111	2.711	0.400	2.424				288 670	158 134	60 736	
涪陵区	0.437	0.197	0.187	0.010	0.174				708 600	8 200		11 850

（续）

行政区划	人工种草保留面积/万亩	当年种草面积/万亩		当年耕地种草面积/万亩	草种田面积/万亩	种子产量/吨		秸秆产量/吨	秸秆饲用量/吨	秸秆加工饲用量/吨	其他农副资源饲用量/吨
		当年一年生种草面积	当年多年生种草面积			多年生种子产量	一年生种子产量				
北碚区	0.020	0.002		0.002							
綦江区	0.418	0.132		0.132				1 050	1 050	1 050	960
大足区	0.709	0.486		0.180				61 821	2 275		2 882
渝北区	0.040										
巴南区	0.200		0.200	0.200				200	200	200	
黔江区	2.928	2.600	0.304	2.904				317 800	230 150	54 500	109 500
长寿区	0.340	0.180	0.049	0.229				186 823	29 342	18 639	13 597
江津区	0.430	0.200		0.200				512 000	7 660	40	20 850
合川区	1.586	0.543		0.401				522 750	5 225	57	449
永川区	0.120	0.002		0.002				323 295	1 208	126	27 708
南川区	1.450	0.780	0.180	0.940				110 850	30 000	10 000	68 250
璧山区	0.014	0.005	0.008	0.013				282 017	5 978	0	19 764
铜梁区	0.073	0.053		0.033							0
潼南区	0.972	0.712		0.712				26 772	10 321	10 321	4 143
荣昌区	0.486	0.160	0.090	0.250				8 000	4 000	1 500	

（续）

行政区划	人工种草保留面积/万亩	当年种草面积/万亩			当年耕地种草面积/万亩	草种田面积/万亩	种子产量/吨		秸秆产量/吨	秸秆饲用量/吨	秸秆加工饲用量/吨	其他农副资源饲用量/吨
		当年种草面积	当年一年生种草面积	当年多年生种草面积			多年生种子产量	一年生种子产量				
开州区	3.968	3.380	3.182	0.198	3.195				149 000	1 630	1 180	12 530
梁平区	0.212	0.008	0.008		0.002				4 473	1 905	1 207	2 586
城口县	0.886	0.854	0.853	0.001	0.854				42 260	335	45	11 300
丰都县	4.321	1.009	1.009		1.009				168 239	40 674		207 581
垫江县	0.938	0.925	0.923	0.002	0.002				199 035	10 870		32 177
武隆县	1.266	1.179	1.050	0.129	1.118							22 800
忠　县	0.429	0.232	0.163	0.069	0.124							4 680
云阳县	3.910	3.690	3.610	0.080	3.690				110 000	10 000		13 000
奉节县	3.993	2.883	2.879	0.004	2.873				208 800	62 700	11 840	13 920
巫山县	0.871	0.462	0.461	0.001	0.444				81 730	31 200		3 200
巫溪县	3.934	1.000	0.990	0.010	1.000				4 100	3 640	3 640	
石柱县	0.840	0.270	0.140	0.130	0.070				56 003	6 500	2 800	
秀山县	0.749	0.744	0.743	0.001	0.744				35 000	2 400		10 130
酉阳县	2.456	1.196	0.854	0.342	0.916				269 079	24 755	2 940	6 245
彭水县	1.800	1.300	1.200	0.100	1.100				50 200	23 200		2 480

一、多年生饲草生产情况

2023年，重庆市多年生饲草生产情况见表2-2；狼尾草生产情况见表2-3；多年生黑麦草生产情况见表2-4；白三叶生产情况见表2-5；红三叶生产情况见表2-6；紫花苜蓿生产情况见表2-7；苇状羊茅生产情况见表2-8；牛鞭草生产情况见表2-9；菊苣生产情况见表2-10；聚合草生产情况见表2-11。

表2-2　多年生饲草生产情况

行政区划	饲草种类	人工种草保留面积/万亩	当年新增人工种草面积	当年耕地种草面积	冬闲田(冬春闲田)种草面积	夏秋闲田种草面积	果园隙地种草面积	"四边"地种草面积	其他类型种草面积	人工种草单产/(千克/亩)	人工种草产量(折合干草)/吨	青贮量/吨	收贮面积/万亩	灌溉比例/%
重庆市	合计	19.347	2.310	2.212	0.893		0.131	0.371	0.391	1 210.4	234 175.37	86 902	1.537	
万州区	小计	2.656	0.400	0.400	0.400		0.120	0.280			21 157.86			
	白三叶	1.587	0.075	0.075	0.075		0.060	0.015		322	5 110.14			
	红三叶	0.291	0.092	0.092	0.092		0.060	0.032		530	1 542.30			
	菊苣	0.032	0.017	0.017	0.017			0.017		671	214.72			
	狼尾草	0.476	0.096	0.096	0.096			0.096		2 650	12 614.00			
	苇状羊茅	0.270	0.120	0.120	0.120			0.120		621	1 676.70			

（续）

行政区划	饲草种类	人工种草保留面积/万亩	当年新增人工种草面积	当年耕地种草面积	冬闲田（冬春闲田）种草面积	夏秋闲田种草面积	果园隙地种草面积	"四边"地种草面积	其他类型种草面积	人工种草单产/（千克/亩）	人工种草产量（折合干草）/吨	青贮量/吨	收贮面积/万亩	灌溉比例/%
涪陵区	小计	0.250	0.010	0.010							7 475.00	380	0.016	1
	狼尾草	0.250	0.010	0.010						2 990	7 475.00	380	0.016	
北碚区	小计	0.020	0.002	0.002				0.002			600.00	1 020	0.010	
	狼尾草	0.020	0.002	0.002				0.002		3 000	600.00	1 020	0.010	
綦江区	小计	0.286									2 326.80			
	多年生黑麦草	0.010								900	90.00			
	菊苣	0.008								490	39.20			
	狼尾草	0.268								820	2 197.60			
大足区	小计	0.223									4 416.15			
	白三叶	0.040								420	168.00			
	狼尾草	0.180								2 356	4 240.80			
	紫花苜蓿	0.003								245	7.35			
渝北区	小计	0.040									1 200.00			50
	狼尾草	0.040								3 000	1 200.00			

（续）

行政区划	饲草种类	人工种草保留面积/万亩	当年新增人工种草面积	当年耕地种草面积	冬闲田（冬春闲田）种草面积	夏秋闲田种草面积	果园隙地种草面积	"四边"地种草面积	其他类型种草面积	人工种草单产/（千克/亩）	人工种草产量（折合干草）/吨	青贮量/吨	收贮面积/万亩	灌溉比例/%
巴南区	小计	0.200	0.200	0.200							4 000.00	200	0.006	
	狼尾草	0.200	0.200	0.200						2 000	4 000.00	200	0.006	
黔江区	小计	0.328	0.304	0.304					0.300		8 854.50	12 500	0.250	
	白三叶	0.010	0.001	0.001						455	45.50			
	多年生黑麦草	0.005	0.003	0.003						900	45.00			
	狼尾草	0.313	0.300	0.300					0.300	2 800	8 764.00	12 500	0.250	
长寿区	小计	0.160	0.049	0.049							4 800.00	4 320	0.140	
	狼尾草	0.160	0.049	0.049						3 000	4 800.00	4 320	0.140	
江津区	小计	0.230									4 465.00	1 050	0.050	
	狼尾草	0.080								2 300	1 840.00	1 050	0.050	
	牛鞭草	0.150								1 750	2 625.00			
合川区	小计	1.043									19 666.30	10 150	0.108	6
	多年生黑麦草	0.233								710	1 654.30	150	0.008	13
	狼尾草	0.780								2 290	17 862.00	10 000	0.100	10
	其他多年生饲草	0.030								500	150.00			

（续）

行政区划	饲草种类	人工种草保留面积/万亩	当年新增人工种草面积/万亩	当年耕地种草面积	冬闲田（冬春闲田）种草面积	夏秋闲田种草面积	果园隙地种草面积	"四边"地种草面积	其他类型种草面积	人工种草单产（千克/亩）	人工种草产量（折合干草）/吨	青贮量/吨	收获面积/万亩	灌溉比例/%
永川区	小计	**0.118**									**3 094.92**	**8 000**	**0.101**	
	多年生黑麦草	0.002								1 220	24.40			
	狼尾草	0.116								2 647	3 070.52	8 000	0.101	100
南川区	小计	**0.670**	**0.180**	**0.160**				**0.080**	**0.080**		**5 410.00**	**3 000**	**0.025**	
	白三叶	0.460	0.050	0.050				0.050	0.050	580	2 668.00			
	多年生黑麦草	0.150	0.100	0.080				0.030	0.030	800	1 200.00			
	狼尾草	0.060	0.030	0.030					0.030	2 570	1 542.00	3 000	0.025	
璧山区	小计	**0.009**	**0.008**	**0.008**					**0.008**		**165.00**	**160**	**0.008**	
	菊苣	0.001								500	5.00			
	狼尾草	0.008	0.008	0.008					0.008	2 000	160.00	160	0.008	
铜梁区	小计	**0.020**									**600.00**	**800**	**0.010**	
	狼尾草	0.020								3 000	600.00	800	0.010	
潼南区	小计	**0.260**									**6 338.80**	**4 955**	**0.250**	
	狼尾草	0.260								2 438	6 338.80	4 955	0.250	5

（续）

行政区划	饲草种类	人工种草保留面积/万亩			农闲田种草面积/万亩					人工种草单产/(千克/亩)	人工种草产量(折合干草)/吨	青贮量/吨	收贮面积/万亩	灌溉比例/%
		小计	当年新增人工种草面积	当年耕地种草面积	冬闲田(冬春闲田)种草面积	夏秋闲田种草面积	果园隙地种草面积	"四边"地种草面积	其他类型种草面积					
荣昌区	小计	**0.326**	**0.090**	**0.090**							**5 462.00**	**7 362**	**0.210**	
	狼尾草	0.166	0.090	0.090						2 500	4 150.00	6 570	0.090	31
	牛鞭草	0.040								1 300	520.00			
	其他多年生饲草	0.120								660	792.00	792	0.120	
开州区	小计	**0.786**	**0.198**	**0.181**							**11 535.15**			
	多年生黑麦草	0.367	0.116	0.116						855	3 137.85			10
	狗尾草	0.039	0.005	0.005						1 090	425.10			5
	红三叶	0.022	0.008	0.008						600	132.00			20
	狼尾草	0.358	0.069	0.052						2 190	7 840.20			10
梁平区	小计	**0.204**									**4 068.82**	**45**	**0.008**	
	多年生黑麦草	0.070								801	560.70			
	狼尾草	0.134								2 618	3 508.12	45	0.008	
城口县	小计	**0.033**	**0.001**	**0.001**							**553.72**	**670**	**0.006**	
	白三叶	0.002								571	11.42			

（续）

行政区划	饲草种类	人工种草保留面积/万亩	当年新增人工种草面积/万亩	当年耕地种草面积	冬闲田（冬春闲田）种草面积	夏秋闲田种草面积	果园隙地种草面积	"四边"地种草面积	其他类型种草面积	人工种草单产/（千克/亩）	人工种草产量（折合干草）/吨	青贮量/吨	收贮面积/万亩	灌溉比例/%
城口县	菊苣	0.009	0.001	0.001						770	69.30			
	狼尾草	0.022								2 150	473.00	670	0.006	
丰都县	小计	**3.312**									**33 903.10**	**14 300**	**0.120**	
	白三叶	1.425								490	6 982.50			
	多年生黑麦草	1.189								820	9 749.80			
	狼尾草	0.698								2 460	17 170.80	14 300	0.120	
垫江县	小计	**0.015**	**0.002**	**0.002**							**394.00**			
	多年生黑麦草	0.001								900	9.00			
	狼尾草	0.014	0.002	0.002						2 750	385.00			
武隆县	小计	**0.216**	**0.129**	**0.128**	0.004			0.003	0.001		**4 438.00**			1
	白三叶	0.020	0.005	0.004	0.004					400	80.00			1
	多年生黑麦草	0.010	0.004	0.004				0.003	0.001	800	80.00			1
	狼尾草	0.186	0.120	0.120						2 300	4 278.00			

（续）

行政区划	饲草种类	人工种草保留面积/万亩	当年新增人工种草面积	当年耕地种草面积	冬闲田（冬春闲田）种草面积	夏秋闲田种草面积	果园隙地种草面积	"四边"地种草面积	其他类型种草面积	人工种草单产/（千克/亩）	人工种草产量（折合干草）/吨	青贮量/吨	收贮面积/万亩	灌溉比例/%
忠县	小计	**0.266**	**0.069**	**0.069**						**3868.0**	**5937.08**	**5690**	**0.047**	
	白三叶	0.002								387	7.74			100
	多年生黑麦草	0.026								645	167.70			100
	狼尾草	0.236	0.068	0.068						2438	5753.68	5690	0.047	100
	苇状羊茅	0.002	0.001	0.001						398	7.96			100
云阳县	小计	**0.300**	**0.080**	**0.080**							**4392.00**			
	白三叶	0.016								500	80.00			
	多年生黑麦草	0.100	0.080	0.080						800	800.00			
	狼尾草	0.170								2000	3400.00			
	紫花苜蓿	0.014								800	112.00			
奉节县	小计	**1.114**	**0.004**	**0.004**			**0.001**	**0.003**		575	**9581.45**			
	白三叶	0.121	0.001	0.001				0.001			695.75			
	多年生黑麦草	0.432								1080	4665.60			
	红三叶	0.219	0.001	0.001				0.001		590	1292.10			

（续）

行政区划	饲草种类	人工种草保留面积/万亩	当年新增人工种草面积/万亩（小计）	当年耕地种草面积	冬闲田（冬春闲田）种草面积	夏秋闲田种草面积	果园隙地种草面积	"四边"地种草面积	其他类型种草面积	人工种草单产/（千克/亩）	人工种草产量（折合干草）/吨	青贮量/吨	收贮面积/万亩	灌溉比例/%
奉节县	聚合草	0.113	0.001	0.001			0.001			780	881.40			
	狼尾草	0.031	0.001	0.001						1 620	502.20			
	紫花苜蓿	0.198						0.001		780	1 544.40			
巫山县	小计	**0.410**	**0.001**	**0.001**			**0.001**				**3 480.00**			
	白三叶	0.060	0.001	0.001			0.001			550	330.00			
	紫花苜蓿	0.350								900	3 150.00			
巫溪县	小计	**2.944**	**0.010**	**0.010**			**0.009**		**0.001**		**14 786.50**			
	白三叶	0.032	0.010	0.010						500	160.00			
	多年生黑麦草	0.070					0.009		0.001	595	416.50			
	红三叶	2.842								500	14 210.00			
石柱县	小计	**0.700**	**0.130**	**0.070**							**5 570.00**	1 100	0.010	
	白三叶	0.400	0.060	0.060						500	2 000.00			
	多年生黑麦草	0.180								800	1 440.00			
	红三叶	0.040								500	200.00			

（续）

行政区划	饲草种类	人工种草保留面积/万亩	当年新增人工种草面积/万亩		农闲田种草面积/万亩					人工种草单产（千克/亩）	人工种草产量（折合干草）/吨	青贮量/吨	收贮面积/万亩	灌溉比例/%
				当年耕地种草面积	冬闲田（冬春闲田）种草面积	夏秋闲田种草面积	果园隙地种草面积	"四边"地种草面积	其他类型种草面积					
石柱县	狼尾草	0.070	0.070	0.070						2 600	1 820.00	1 100	0.010	
	鸭茅	0.010	0.010	0.010						1 100	110.00			
秀山县	小计	**0.006**	**0.001**	**0.001**	**0.001**				**0.001**		**99.00**			
	多年生黑麦草	0.002	0.001	0.001						950	19.00			
	狼尾草	0.004							0.001	2 000	80.00			
酉阳县	小计	**1.602**	**0.342**	**0.342**	**0.003**			**0.003**			**21 604.22**	**6 200**	**0.112**	
	白三叶	0.315	0.110	0.110						550	1 732.50			
	多年生黑麦草	0.873	0.174	0.174	0.003			0.003		1 200	10 476.00	1 900	0.074	
	红三叶	0.058	0.010	0.010						550	319.00			
	菊苣	0.044	0.030	0.030						713	313.72			
	狼尾草	0.293	0.009	0.009						2 900	8 497.00	4 300	0.038	
	牛鞭草	0.019	0.009	0.009						1 400	266.00			
彭水县	小计	**0.600**	**0.100**	**0.100**							**13 800.00**	**5 000**	**0.050**	
	狼尾草	0.600	0.100	0.100						2 300	13 800.00	5 000	0.050	

表 2 - 3 狼尾草生产情况

行政区划	饲草种类	人工种草保留面积/万亩	当年新增人工种草面积/万亩	当年耕地种草面积	农闲田种草面积/万亩		果园隙地种草面积	"四边"地种草面积	其他类型种草面积	人工种草单产/(千克/亩)	人工种草产量/吨	青贮量/吨	收贮面积/万亩	灌溉比例/%
					冬闲田种草面积	夏秋闲田种草面积								
重庆市	合计	6.213	1.305	1.288	0.438			0.099	0.339	2 398	148 963	84 060	1.335	
万州区	狼尾草	0.476	0.096	0.096	0.096			0.096		2 650	12 614			
涪陵区	狼尾草	0.250	0.010	0.010						2 990	7 475	380	0.016	1
北碚区	狼尾草	0.020	0.002	0.002	0.002			0.002		3 000	600	1 020	0.010	
綦江区	狼尾草	0.268								820	2 197.6			
大足区	狼尾草	0.180								2 356	4 240.8			
渝北区	狼尾草	0.040								3 000	1 200			
巴南区	狼尾草	0.200	0.200	0.200						2 000	4 000	200	0.006	50
黔江区	狼尾草	0.313	0.300	0.300						2 800	8 764	12 500	0.250	
长寿区	狼尾草	0.160	0.049	0.049	0.300				0.300	3 000	4 800	4 320	0.140	
江津区	狼尾草	0.080								2 300	1 840	1 050	0.050	
合川区	狼尾草	0.780								2 290	17 862	10 000	0.100	12.5
永川区	狼尾草	0.116								2 647	3 070.52	8 000	0.101	100

（续）

行政区划	饲草种类	人工种草保留面积/万亩			农闲田种草面积/万亩					人工种草单产/(千克/亩)	人工种草产量/吨	青贮量/吨	收贮面积/万亩	灌溉比例/%
		保留面积	当年新增人工种草面积	当年耕地种草面积	冬闲田种草面积	夏秋闲田种草面积	果园隙地种草面积	"四边"地种草面积	其他类型种草面积					
南川区	狼尾草	0.060	0.030	0.030					0.030	2 570	1 542	3 000	0.025	
璧山区	狼尾草	0.008	0.008	0.008					0.008	2 000	160	160	0.008	
铜梁区	狼尾草	0.020								3 000	600	800	0.010	
潼南区	狼尾草	0.260								2 438	6 338.8	4 955	0.250	5
荣昌区	狼尾草	0.166	0.090	0.090						2 500	4 150	6 570	0.090	31
开州区	狼尾草	0.358	0.069	0.052						2 190	7 840.2			10
梁平区	狼尾草	0.134								2 618	3 508.12	45	0.008	
城口县	狼尾草	0.022	0.002	0.002						2 150	473	670	0.006	
丰都县	狼尾草	0.698	0.120	0.120						2 460	17 170.8	14 300	0.120	
垫江县	狼尾草	0.014								2 750	385			1
武隆区	狼尾草	0.186	0.068	0.068						2 300	4 278			
忠　县	狼尾草	0.236	0.068	0.068						2 438	5 753.68	5 690	0.047	
云阳县	狼尾草	0.170	0.080	0.080						2 000	3 400			100
奉节县	狼尾草	0.031	0.001	0.001				0.001		1 620	502.2			

（续）

行政区划	饲草种类	人工种草保留面积/万亩	当年新增人工种草面积	当年耕地种草面积	冬闲田种草面积	夏秋闲田种草面积	果园隙地种草面积	"四边"地种草面积	其他类型种草面积	人工种草单产/(千克/亩)	人工种草产量/吨	青贮量/吨	收贮面积/万亩	灌溉比例/%
						农闲田种草面积/万亩								
石柱县	狼尾草	0.070	0.070	0.070						2 600	1 820	1 100	0.010	
秀山县	狼尾草	0.004	0.001	0.001					0.001	2 000	80		0.001	
酉阳县	狼尾草	0.293	0.009	0.009						2 900	8 497	4 300	0.038	
彭水县	狼尾草	0.600	0.100	0.100						2 300	13 800	5 000	0.050	

表2-4　多年生黑麦草生产情况

行政区划	饲草种类	人工种草保留面积/万亩	当年新增人工种草面积	当年耕地种草面积	农闲田种草面积/万亩 冬闲田种草面积	夏秋闲田种草面积	果园隙地种草面积	"四边"地种草面积	其他类型种草面积	人工种草单产/(千克/亩)	人工种草产量/吨	青贮量/吨	收贮面积/万亩	灌溉比例/%
重庆市	合计	3.720	0.467	0.387	0.093		0.009	0.033	0.051	928.4	34 535.85	2 050	0.082	
綦江区	多年生黑麦草	0.010	0.010							900	90.00			
黔江区	多年生黑麦草	0.005	0.003	0.003						900	45.00			
合川区	多年生黑麦草	0.233								710	1 654.30	150	0.008	6
永川区	多年生黑麦草	0.002								1 220	24.40			
南川区	多年生黑麦草	0.150	0.100	0.080	0.080				0.050	800	1 200.00			
开州区	多年生黑麦草	0.367	0.116	0.116				0.030		855	3 137.85			10
梁平区	多年生黑麦草	0.070								801	560.70			
丰都县	多年生黑麦草	1.189								820	9 749.80			
垫江县	多年生黑麦草	0.001								900	9.00			
武隆县	多年生黑麦草	0.010	0.004	0.004						800	80.00			1
忠县	多年生黑麦草	0.026								645	167.70			100

（续）

行政区划	饲草种类	人工种草保留面积/万亩	当年新增人工种草面积/万亩	农闲田种草面积/万亩					人工种草单产/(千克/亩)	人工种草产量/吨	青贮量/吨	收贮面积/万亩	灌溉比例/%
			当年耕地种草面积	冬闲田种草面积	夏秋闲田种草面积	果园隙地种草面积	"四边"地种草面积	其他类型种草面积					
云阳县	多年生黑麦草	0.100							800	800.00			
奉节县	多年生黑麦草	0.432	0.010						1 080	4 665.60			
巫溪县	多年生黑麦草	0.070	0.010	0.010		0.009		0.001	595	416.50			
石柱县	多年生黑麦草	0.180	0.060						800	1 440.00			
秀山县	多年生黑麦草	0.002							950	19.00			
酉阳县	多年生黑麦草	0.873	0.174	0.174			0.003	0.003	1 200	10 476.00	1 900	0.074	

表 2 - 5　白三叶生产情况

行政区划	饲草种类	人工种草保留面积/万亩			农闲田种草面积/万亩					人工种草单产/(千克/亩)	人工种草产量/吨	青贮量/吨	收贮面积/万亩	灌溉比例/%
			当年新增人工种草面积	当年耕地种草面积	冬闲田种草面积	夏秋闲田种草面积	果园隙地种草面积	"四边"地种草面积	其他类型种草面积					
重庆市	**合计**	**4.490**	**0.242**	**0.131**			**0.061**	**0.069**	**0.001**	**447.0**	**20 071.55**			
万州区	白三叶	1.587	0.075	0.075			0.060	0.015		322	5 110.14			
大足区	白三叶	0.040	0.075							420	168.00			
黔江区	白三叶	0.010	0.001							455	45.50			
南川区	白三叶	0.460	0.050	0.050				0.050		580	2 668.00			
城口县	白三叶	0.002								571	11.42			
丰都县	白三叶	1.425								490	6 982.50			1
武隆县	白三叶	0.020	0.005	0.004				0.003	0.001	400	80.00			100
忠　县	白三叶	0.002	0.002							387	7.74			
云阳县	白三叶	0.016						0.001		500	80.00			
奉节县	白三叶	0.121	0.001	0.001			0.001			575	695.75			
巫山县	白三叶	0.060	0.001	0.001						550	330.00			
巫溪县	白三叶	0.032								500	160.00			
石柱县	白三叶	0.400								500	2 000.00			
酉阳县	白三叶	0.315	0.110	0.110						550	1 732.50			

表2-6 红三叶生产情况

行政区划	饲草种类	人工种草保留面积/万亩	当年新增人工种草面积	当年耕地种草面积	冬闲田种草面积	夏秋闲田种草面积	果园隙地种草面积	"四边"地种草面积	其他类型种草面积	人工种草单产/(千克/亩)	人工种草产量/吨	青贮量/吨	收贮面积/万亩	灌溉比例/%
重庆市	**合计**	**3.472**	**0.111**	**0.111**	**0.093**		**0.060**	**0.033**		**509.7**	**17 695.40**			20
万州区	红三叶	0.291	0.092	0.092	0.092		0.060	0.032		530	1 542.30			
开州区	红三叶	0.022	0.008	0.008				0.001		600	132.00			
奉节县	红三叶	0.219	0.001	0.001	0.001					590	1 292.10			
巫溪县	红三叶	2.842								500	14 210.00			
石柱县	红三叶	0.040								500	200.00			
酉阳县	红三叶	0.058	0.010	0.010	0.010					550	319.00			

表2-7 紫花苜蓿生产情况

行政区划	饲草种类	人工种草保留面积/万亩		农闲田种草面积/万亩					人工种草单产/(千克/亩)	人工种草产量/吨	青贮量/吨	收获面积/万亩	灌溉比例/%
		当年新增人工种草面积	当年耕地种草面积	冬闲田种草面积	夏秋闲田种草面积	果园隙地种草面积	"四边"地种草面积	其他类型种草面积					
重庆市	**合计**	**0.565**							**852.0**	**4 813.75**			
大足区	紫花苜蓿	0.003							245	7.35			
云阳县	紫花苜蓿	0.014							800	112			
奉节县	紫花苜蓿	0.198							780	1 544.4			
巫山县	紫花苜蓿	0.350							900	3 150			

表 2-8 苇状羊茅生产情况

行政区划	饲草种类	人工种草保留面积/万亩			农闲田种草面积/万亩					人工种草单产/(千克/亩)	人工种草产量/吨	青贮量/吨	收贮面积/万亩	灌溉比例/%
			当年新增人工种草面积	当年耕地种草面积	冬闲田种草面积	夏秋闲田种草面积	果园隙地种草面积	"四边"地种草面积	其他类型种草面积					
重庆市	**合计**	**0.272**	**0.121**	**0.121**				**0.120**		**619.4**	**1 684.66**			100
万州区	苇状羊茅	0.270	0.120	0.120				0.120		621	1 676.70			
忠县	苇状羊茅	0.002	0.001	0.001						398	7.96			

表 2-9 牛鞭草生产情况

行政区划	饲草种类	人工种草保留面积/万亩			农闲田种草面积/万亩					人工种草单产/(千克/亩)	人工种草产量/吨	青贮量/吨	收贮面积/万亩	灌溉比例/%
			当年新增人工种草面积	当年耕地种草面积	冬闲田种草面积	夏秋闲田种草面积	果园隙地种草面积	"四边"地种草面积	其他类型种草面积					
重庆市	**合计**	**0.209**	**0.009**	**0.009**						**1 632.1**	**3 411.00**			
江津区	牛鞭草	0.150								1 750	2 625.00			
荣昌区	牛鞭草	0.040								1 300	520.00			
酉阳县	牛鞭草	0.019	0.009	0.009						1 400	266.00			

表 2 - 10 菊苣生产情况

行政区划	饲草种类	人工种草保留面积/万亩			农闲田种草面积/万亩					人工种草单产/(千克/亩)	人工种草产量/吨	青贮量/吨	收贮面积/万亩	灌溉比例/%
			当年新增人工种草面积		冬闲田种草面积	夏秋闲田种草面积	果园隙地种草面积	"四边"地种草面积	其他类型种草面积					
				当年耕地种草面积										
重庆市	**合计**	**0.094**	**0.048**	**0.048**	**0.017**			**0.017**		**682.9**	**641.94**			
万州区	菊苣	0.032	0.017	0.017	0.017			0.017		671	214.72			
綦江区	菊苣	0.008								490	39.20			
璧山区	菊苣	0.001								500	5.00			
城口县	菊苣	0.009	0.001	0.001						770	69.30			
酉阳县	菊苣	0.044	0.030	0.030						713	313.72			

表 2－11　聚合草生产情况

行政区划		饲草种类	人工种草保留面积/万亩			农闲田种草面积/万亩					人工种草单产/（千克/亩）	人工种草产量/吨	青贮量/吨	收贮面积/万亩	灌溉比例/%
				当年新增人工种草面积		冬闲田种草面积	夏秋闲田种草面积	果园隙地种草面积	"四边"地种草面积	其他类型种草面积					
					当年耕地种草面积										
重庆市	合计		0.113	0.001	0.001	0.001		0.001			780.0	881.40			
奉节县		聚合草	0.113	0.001	0.001	0.001		0.001			780	881.40			

三、一年生饲草生产情况

2023年，重庆市一年生饲草生产情况见表2-12。青贮玉米生产情况见表2-13；多花黑麦草生产情况见表2-14；青贮青饲高粱生产情况见表2-15；饲用黑麦生产情况见表2-16；苏丹草生产情况见表2-17；饲用燕麦生产情况见表2-18；墨西哥类玉米生产情况见表2-19；饲用块根块茎作物生产情况见表2-20。

表2-12　一年生饲草情况/万亩

行政区划	饲草种类	人工种草保留面积/万亩		农闲田种草面积/万亩						单位面积产量/(千克/亩)	干草总产量/吨	青贮量/吨	收贮面积/万亩	灌溉比例/%
		合计	当年耕地种草面积	小计	冬闲田种草面积	夏秋闲田种草面积	果园隙地种草面积	"四边"地种草面积	其他类型种草面积					
重庆市	合计	26.816	23.723	14.162	4.593	4.478	0.880	0.960	3.251	963	258 112.05	193 524	9.351	
万州区	小计	2.711	2.024	1.168	0.067	0.230		0.193	0.678	852	19 625.44	36 227	1.855	
	多花黑麦草	0.675	0.675	0.235	0.067			0.168			5 751.00			
	墨西哥类玉米	0.008	0.008	0.008				0.008		891	71.28	27	0.005	
	饲用块根块茎作物	1.985	1.298	0.908		0.230			0.678	678	13 458.30	36 200	1.85	
	苏丹草	0.043	0.043	0.017				0.017		802	344.86			

（续）

行政区划	饲草种类	人工种草保留面积/万亩	当年耕地种草面积	农闲田种草面积/万亩 小计	冬闲田种草面积	夏秋闲田种草面积	果园隙地种草面积	"四边"地种草面积	其他类型种草面积	单位面积产量(千克/亩)	干草总产量/吨	青贮量/吨	收获面积/万亩	灌溉比例/%
涪陵区	**小计**	**0.187**	**0.164**	**0.114**	**0.034**			**0.077**	**0.003**		**2 112.88**	**52**	**0.002**	
	多花黑麦草	0.123	0.100	0.100	0.020			0.077	0.003	1 116	1 372.68			
	青贮青同高粱	0.014	0.014	0.014	0.014					1 055	147.70	52	0.002	
	青贮玉米	0.050	0.050							1 185	592.50			
綦江区	**小计**	**0.132**	**0.132**	**0.132**	**0.070**	**0.012**		**0.050**			**1 407.60**			
	多花黑麦草	0.100	0.100	0.100	0.070			0.030		1 150	1 150.00			
	青贮青同高粱	0.012	0.012	0.012		0.002		0.010		780	93.60			
	青贮玉米	0.020	0.020	0.020		0.010		0.010		820	164.00			
大足区	**小计**	**0.486**	**0.180**	**0.153**	**0.022**	**0.033**	**0.080**	**0.018**			**5 402.84**			
	多花黑麦草	0.382	0.122	0.102	0.022	0.023		0.008		1 086	4 148.52			
	青贮青同高粱	0.076	0.038	0.031			0.080			1 282	974.32			
	青贮玉米	0.028	0.020	0.020		0.010		0.010		1 000	280.00			
黔江区	**小计**	**2.600**	**2.600**	**1.100**					**1.100**		**34 255.00**	**63 000**	**2.4**	
	青贮青同高粱	0.500	0.500							1 307	6 535.00	12 000	0.4	
	青贮玉米	2.100	2.100	1.100					1.100	1 320	27 720.00	51 000	2	

（续）

行政区划	饲草种类	人工种草保留面积/万亩	当年种草面积	农林田种草面积/万亩					单位面积产量/(千克/亩)	干草总产量/吨	青贮量/吨	收贮面积/万亩	灌溉比例/%
				冬闲田种草面积	夏秋闲田种草面积	果园隙地种草面积	"四边"地种草面积	其他类型种草面积					
长寿区	小计	0.180	0.180							2 160.00	1 944	0.18	
	青贮玉米	0.180	0.180						1 200	2 160.00	1 944	0.18	
江津区	小计	0.200	0.200	0.040		0.020	0.040			3 060.00			
	多花黑麦草	0.200	0.200	0.040		0.020	0.040		1 530	3 060.00			
合川区	小计	0.543	0.401	0.086		0.010	0.076			6 703.50	2 500	0.070	
	多花黑麦草	0.375	0.345	0.030		0.010	0.020		1 250	4 687.50			
	青贮玉米	0.168	0.056	0.056			0.056		1 200	2 016.00	2 500	0.07	
永川区	小计	0.002								27.02			
	墨西哥类玉米	0.002							1 351	27.02			
南川区	小计	0.780	0.780	0.340		0.250	0.150	0.040		10 920.00			
	多花黑麦草	0.780	0.780	0.340		0.250	0.150	0.040	1 400	10 920.00			
璧山区	小计	0.005	0.005			0.001	0.004			55.00			
	多花黑麦草	0.005	0.005			0.001	0.004		1 100	55.00			

（续）

行政区划	饲草种类	人工种草保留面积/万亩	当年耕地种草面积/万亩	冬闲田种草面积/万亩	夏秋闲田种草面积/万亩	果园隙地种草面积/万亩	"四边"地种草面积/万亩	其他类型种草面积/万亩	单位面积产量（千克/亩）	干草总产量/吨	青贮量/吨	收贮面积/万亩	灌溉比例/%
铜梁区	小计	0.053	0.033							590.00			
	多花黑麦草	0.020							1 300	260.00			
	墨西哥类玉米	0.003	0.003						1 000	30.00			
	青贮-青饲高粱	0.030	0.030						1 000	300.00			
潼南区	小计	0.712		0.280	0.412	0.020				8 169.36	12 600	0.705	
	多花黑麦草	0.300		0.280		0.020			1 380	4 140.00	9 400	0.3	5
	青贮玉米	0.412			0.412				978	4 029.36	3 200	0.405	5
荣昌区	小计	0.160	0.140	0.020						1 873.00	1 033	0.100	
	多花黑麦草	0.060	0.040	0.020					1 400	840.00			30
	青贮玉米	0.100	0.100						1 033	1 033.00	1 033	0.1	30
开州区	小计	3.182	3.014	0.022	0.038	0.016				30 731.00	13 140	0.977	
	多花黑麦草	0.513	0.485	0.022					1 320	6 771.60			20
	青贮-青饲高粱	0.019	0.019						1 260	239.40	480	0.047	25
	青贮玉米	1.620	1.480		0.038				1 070	17 334.00	12 660	0.93	25
	饲用块根块茎作物	1.030	1.030			0.016			620	6 386.00			30

（续）

行政区划	饲草种类	人工种草保留面积/万亩		农闲田种草面积/万亩					单位面积产量/(千克/亩)	干草总产量/吨	青贮量/吨	收贮面积/万亩	灌溉比例/%
			当年耕地种草面积	冬闲田种草面积	夏秋闲田种草面积	果园隙地种草面积	"四边"地种草面积	其他类型种草面积					
梁平区	小计	**0.008**	**0.002**	**0.002**	**0.002**					**96.08**			
	青贮青饲高粱	0.008	0.002	0.002	0.002				1 201	96.08			
城口县	小计	**0.853**	**0.853**	**0.785**	**0.300**	**0.425**		**0.005**	**0.055**		**4 386.10**	**3 150**	**0.069**
	青贮青饲高粱	0.023	0.023	0.005					0.005	1 320	303.60	650	0.009
	青贮玉米	0.100	0.100	0.050					0.050	1 345	1 345.00	2 500	0.06
	饲用块根块茎作物	0.730	0.730	0.730	0.300	0.425		0.005		375	2 737.50		
丰都县	小计	**1.009**	**1.009**	**0.645**		**0.645**					**10 676.90**	**20 620**	**1.009**
	青贮青饲高粱	0.324	0.324	0.230		0.230				1 160	3 758.40	6 520	0.324
	青贮玉米	0.685	0.685	0.415		0.415				1 010	6 918.50	14 100	0.685
垫江县	小计	**0.923**									**7 850.30**		
	多花黑麦草	0.040	0.040							1 000	400.00		
	青贮青饲高粱	0.040	0.040							1 090	436.00		
	青贮玉米	0.253								1 210	3 061.30		
	饲用块根块茎作物	0.590								670	3 953.00		

（续）

行政区划	饲草种类	人工种草保留面积/万亩	当年耕地种草面积	农闲田种草面积/万亩	冬闲田种草面积	夏秋闲田种草面积	果园隙地种草面积	"四边"地种草面积	其他类型种草面积	单位面积产量/(千克/亩)	干草总产量/吨	青贮量/吨	收获面积/万亩	灌溉比例/%
武隆县	小计	1.050	0.990	0.990	0.450	0.229			0.311		12 320.00	3 476	0.250	
	多花黑麦草	0.790	0.760	0.760	0.450				0.310	1 200	9 480.00			1
	青贮青饲高粱	0.120	0.100	0.100		0.100				1 200	1 440.00	613	0.11	1
	青贮玉米	0.140	0.130	0.130		0.129			0.001	1 000	1 400.00	2 863	0.14	1
忠县	小计	0.163	0.055	0.028	0.028						1 176.23	0	0.000	
	多花黑麦草	0.028	0.028	0.028	0.028					1 202	336.56			100
	青贮青饲高粱	0.005	0.005							1 300	65.00			100
	青贮玉米	0.022	0.022							1 189	261.58			100
	饲用块根块茎作物	0.105								453	475.65			100
	苏丹草	0.003								1 248	37.44			
云阳县	小计	3.610	3.610	3.610	1.650	1.960					34 520.00	6 300	0.126	
	多花黑麦草	1.650	1.650	1.650	1.650					1 200	19 800.00			100
	青贮青饲高粱	0.540	0.540	0.540		0.540				1 200	6 480.00	1 300	0.016	100
	青贮玉米	0.320	0.320	0.320		0.320				1 200	3 840.00	5 000	0.11	100
	饲用块根块茎作物	1.100	1.100	1.100		1.100				400	4 400.00			100

（续）

行政区划	饲草种类	人工种草保留面积/万亩		农闲田种草面积/万亩						单位面积产量/(千克/亩)	干草总产量/吨	青贮量/吨	收贮面积/万亩	灌溉比例/%
			当年耕地种草面积		冬闲田种草面积	夏秋闲田种草面积	果园隙地种草面积	"四边"地种草面积	其他类型种草面积					
奉节县	小计	2.879	2.869	1.979	1.210	0.370	0.120	0.249	0.030		20 974.00	1 430	0.040	
	多花黑麦草	0.160	0.150	0.130	0.060		0.020	0.050		1 260	2 016.00			
	青贮玉米	0.230	0.230	0.220		0.220				1 060	2 438.00	850	0.02	
	饲用黑麦	0.121	0.121	0.121	0.090			0.031		560	677.60			
	饲用块根块茎作物	2.200	2.200	1.340	1.060	0.060	0.100	0.090	0.030	630	13 860.00	580	0.02	
	苏丹草	0.168	0.168	0.168		0.090		0.078		1 180	1 982.40			
巫山县	小计	0.461	0.443	0.013	0.002	0.010		0.001			3 933.50	2 020	0.058	
	多花黑麦草	0.003	0.003	0.003	0.002			0.001		1 250	37.50			
	青贮玉米	0.058	0.040	0.010		0.010				1 200	696.00	2 020	0.058	
	饲用块根块茎作物	0.400	0.400							800	3 200.00			
巫溪县	小计	0.990	0.990	0.990	0.050		0.060	0.090	0.790		9 280.00	2 000	0.060	
	多花黑麦草	0.240	0.240	0.240					0.240	800	1 920.00		0.02	
	青贮青饲高粱	0.180	0.180	0.180					0.180	1 500	2 700.00	800		
	青贮玉米	0.320	0.320	0.320					0.320	800	2 550.00	1 200	0.04	

（续）

行政区划	饲草种类	人工种草保留面积/万亩		农闲田种草面积/万亩					单位面积产量/(千克/亩)	干草总产量/吨	青贮量/吨	收贮面积/万亩	灌溉比例/%
		小计	当年耕地种草面积	冬闲田种草面积	夏秋闲田种草面积	果园隙地种草面积	"四边"地种草面积	其他类型种草面积					
巫溪县	饲用块根块茎作物	0.200	0.200						800	1 600.00			
	饲用燕麦	0.050	0.050	0.050		0.060	0.090	0.050	1 000	500.00			
石柱县	小计	**0.140**	0.140							**1 440.00**	3 100	0.140	
	青贮青饲高粱	0.100	0.100						1 000	1 000.00	2 000	0.1	
	青贮玉米	0.040	0.040						1 100	440.00	1 100	0.04	
	小计	**0.743**	0.743	0.150	0.150	0.300		0.240		**5 325.30**	632	0.060	
	多花黑麦草	0.015	0.015	0.150					1 350	202.50			
秀山县	青贮青饲高粱	0.036	0.036		0.150				1 320	475.20	132	0.01	
	青贮玉米	0.250	0.250					0.100	430	1 075.00	500	0.05	
	饲用块根块茎作物	0.440	0.440			0.300		0.140	810	3 564.00			
	饲用燕麦	0.002	0.002						430	8.60			
酉阳县	小计	**0.854**	0.574	0.008		0.003	0.007	0.004		**7 041.00**	8 300	0.250	
	多花黑麦草	0.068	0.068	0.003			0.003	0.004	1 450	986.00			
	墨西哥类玉米	0.021	0.021	0.002		0.002	0.002		1 600	336.00	150	0.002	

（续）

行政区划	饲草种类	人工种草保留面积/万亩		农闲田种草面积/万亩					单位面积产量/（千克/亩）	干草总产量/吨	青贮量/吨	收贮面积/万亩	灌溉比例/%
			当年耕地种草面积	冬闲田种草面积	夏秋闲田种草面积	果园隙地种草面积	"四边"地种草面积	其他类型种草面积					
酉阳县	青贮青饲高粱	0.088							1 500	1 320.00	2 100	0.06	
	青贮玉米	0.192			0.005				1 150	2 208.00	6 050	0.188	
	饲用块根块茎作物	0.480	0.480		0.005	0.003			450	2 160.00			
	紫云英（非绿肥）	0.005	0.005	0.005			0.002		620	31.00			
	小计	1.200	1.000							12 000.00	12 000	1	100
彭水县	青贮玉米	1.200	1.000	0.005					1 000	12 000.00	12 000	1	100

表2-13 青贮玉米生产情况

行政区划	饲草种类	人工种草保留面积/万亩	当年耕地种草面积	农闲田种草面积/万亩 冬闲田种草面积	夏秋闲田种草面积	果园隙地种草面积	"四边"地种草面积	其他类型种草面积	单位面积产量(千克/亩)	干草总产量(折合干草)/吨	青贮量/吨	收贮面积/万亩	灌溉比例/%
重庆市	**合计**	**8.488**	**7.515**	**3.323**	**1.676**		**0.076**	**1.571**	**1 102.41**	**93 572.24**	**120 520**	**6.076**	
涪陵区	青贮玉米	0.050	0.050						1 185	592.50			
綦江区	青贮玉米	0.020	0.020	0.020	0.010		0.010		820	164.00			
大足区	青贮玉米	0.028	0.020	0.020	0.010		0.010		1 000	280.00			
黔江区	青贮玉米	2.100	2.100	1.100				1.100	1 320	27 720.00	51 000	2.000	
长寿区	青贮玉米	0.180	0.180						1 200	2 160.00	1 944	0.180	
合川区	青贮玉米	0.168	0.056	0.056			0.056		1 200	2 016.00	2 500	0.070	
潼南区	青贮玉米	0.412	0.412	0.412	0.412				978	4 029.36	3 200	0.405	5
荣昌区	青贮玉米	0.100	0.100	0.100					1 033	1 033.00	1 033	0.100	30
开州区	青贮玉米	1.620	1.480					0.050	1 070	17 334.00	12 660	0.930	25
城口县	青贮玉米	0.100	0.100	0.050					1 345	1 345.00	2 500	0.060	
丰都县	青贮玉米	0.685	0.685	0.415	0.415				1 010	6 918.50	14 100	0.685	
垫江县	青贮玉米	0.253	0.415						1 210	3 061.30			
武隆县	青贮玉米	0.140	0.130	0.130	0.129		0.001		1 000	1 400.00	2 863	0.140	1

（续）

行政区划	饲草种类	人工种草保留面积/万亩	农闲田种草面积/万亩				其他类型种草面积	单位面积产量/(千克/亩)	干草总产量(折合干草)/吨	青贮量/吨	收贮面积/万亩	灌溉比例/%
		当年耕地种草面积	冬闲田种草面积	夏秋闲田种草面积	果园隙地种草面积	"四边"地种草面积						
忠　县	青贮玉米	0.022						1 189	261.58			100
云阳县	青贮玉米	0.320	0.320					1 200	3 840.00	5 000	0.110	
奉节县	青贮玉米	0.230	0.220					1 060	2 438.00	850	0.020	
巫山县	青贮玉米	0.040	0.010					1 200	696.00	2 020	0.058	
巫溪县	青贮玉米	0.320					0.320	800	2 560.00	1 200	0.040	
石柱县	青贮玉米	0.040						1 100	440.00	1 100	0.040	
秀山县	青贮玉米	0.250	0.250	0.150			0.100	430	1 075.00	500	0.050	
酉阳县	青贮玉米	0.192						1 150	2 208.00	6 050	0.188	
彭水县	青贮玉米	1.200	1.000					1 000	12 000.00	12 000	1.000	100

表2-14 多花黑麦草生产情况

行政区划	饲草种类	人工种草保留面积/万亩	当年耕地种草面积/万亩	农闲田种草面积/万亩 冬闲田种草面积	农闲田种草面积/万亩 夏秋闲田种草面积	果园隙地种草面积	"四边"地种草面积	其他类型种草面积	单位面积产量(千克/亩)	干草总产量(折合干草)/吨	青贮量/吨	收贮面积/万亩	灌溉比例/%
重庆市 合计		6.527	6.086	4.631	3.074	0.417	0.543	0.597	1 200.2	78 334.86	9 400	0.300	
万州区	多花黑麦草	0.675	0.675	0.235	0.067		0.168		852	5 751.00			
涪陵区	多花黑麦草	0.123	0.100	0.100	0.020		0.077	0.003	1 116	1 372.68			
綦江区	多花黑麦草	0.100	0.100	0.100	0.070		0.030		1 150	1 150.00			
大足区	多花黑麦草	0.382	0.122	0.102	0.022	0.080			1 086	4 148.52			
江津区	多花黑麦草	0.200	0.200	0.100	0.040	0.020	0.040		1 530	3 060.00			
合川区	多花黑麦草	0.375	0.345	0.030		0.010	0.020		1 250	4 687.50			
南川区	多花黑麦草	0.780	0.780	0.780	0.340	0.250	0.150	0.040	1 400	10 920.00			
璧山区	多花黑麦草	0.005	0.005	0.005		0.001	0.004		1 100	55.00			
铜梁区	多花黑麦草	0.020	0.020						1 300	260.00			
潼南区	多花黑麦草	0.300	0.300	0.300	0.280	0.020			1 380	4 140.00	9 400	0.300	5
荣昌区	多花黑麦草	0.060	0.060	0.020	0.020				1 400	840.00			30
开州区	多花黑麦草	0.513	0.485	0.038	0.022	0.016			1 320	6 771.60			20

（续）

行政区划	饲草种类	人工种草保留面积/万亩	农耕田种草面积/万亩					单位面积产量/(千克/亩)	干草总产量(折合干草)/吨	青贮量/吨	收贮面积/万亩	灌溉比例/%
		当年耕地种草面积	冬闲田种草面积	夏秋闲田种草面积	果园隙地种草面积	"四边"地种草面积	其他类型种草面积					
垫江县	多花黑麦草	0.040	0.040						1 000	400.00			
武隆县	多花黑麦草	0.790	0.760	0.450				0.310	1 200	9 480.00			1
忠 县	多花黑麦草	0.028	0.028	0.028					1 202	336.56			100
云阳县	多花黑麦草	1.650	1.650	1.650					1 200	19 800.00			
奉节县	多花黑麦草	0.160	0.150	0.060		0.020	0.050		1 260	2 016.00			
巫山县	多花黑麦草	0.003	0.003	0.002			0.001		1 250	37.50			
巫溪县	多花黑麦草	0.240	0.240	0.240				0.240	800	1 920.00			
秀山县	多花黑麦草	0.015	0.015						1 350	202.50			
酉阳县	多花黑麦草	0.068	0.068	0.003			0.003	0.004	1 450	986.00			

表 2 – 15　青贮青饲高粱生产情况

行政区划	饲草种类	人工种草保留面积/万亩		农闲田种草面积/万亩			果园隙地种草面积	"四边"地种草面积	其他类型种草面积	单位面积产量（千克/亩）	干草总产量（折合干草）/吨	青贮量/吨	收贮面积/万亩	灌溉比例/%
		合计	当年耕地种草面积		冬闲田种草面积	夏秋闲田种草面积								
重庆市	青贮青饲高粱	**2.115**	**1.823**	**1.114**	**0.014**	**0.897**		**0.018**	**0.185**	**1 246.5**	**26 364.30**	**26 647**	**1.098**	
涪陵区	青贮青饲高粱	0.014	0.014	0.014	0.014					1 055	147.70	52	0.002	
綦江区	青贮青饲高粱	0.012	0.012	0.012		0.002		0.010		780	93.60			
大足区	青贮青饲高粱	0.076	0.038	0.031		0.023		0.008		1 282	974.32			
黔江区	青贮青饲高粱	0.500	0.500							1 307	6 535.00	12 000	0.400	
铜梁区	青贮青饲高粱	0.030	0.030							1 000	300.00			
开州区	青贮青饲高粱	0.019	0.019	0.002		0.002				1 260	239.40	480	0.047	
梁平区	青贮青饲高粱	0.008	0.002	0.002						1 201	96.08			25
城口县	青贮青饲高粱	0.023	0.023	0.005					0.005	1 320	303.60	650	0.009	
丰都县	青贮青饲高粱	0.324	0.324	0.230		0.230				1 160	3 758.40	6 520	0.324	
垫江县	青贮青饲高粱	0.040								1 090	436.00			
武隆县	青贮青饲高粱	0.120	0.100	0.100		0.100				1 200	1 440.00	613	0.110	1
忠　县	青贮青饲高粱	0.005	0.005							1 300	65.00			
云阳县	青贮青饲高粱	0.540	0.540	0.540		0.540				1 200	6 480.00	1 300	0.016	100

（续）

行政区划	饲草种类	人工种草保留面积/万亩		农闲田种草面积/万亩					单位面积产量/（千克/亩）	干草总产量（折合干草）/吨	青产量/吨	收贮面积/万亩	灌溉比例/%
			当年耕地种草面积	冬闲田种草面积	夏秋闲田种草面积	果园隙地种草面积	"四边"地种草面积	其他类型种草面积					
巫溪县	青贮·青饲高粱	0.180	0.180	0.180				0.180	1 500	2 700.00	800	0.020	
石柱县	青贮·青饲高粱	0.100							1 000	1 000.00	2 000	0.100	
秀山县	青贮·青饲高粱	0.036	0.036						1 320	475.20	132	0.010	
酉阳县	青贮·青饲高粱	0.088							1 500	1 320.00	2 100	0.060	

表 2 – 16　苏丹草生产情况

行政区划	饲草种类	人工种草保留面积/万亩	当年耕地种草面积	冬闲田种草面积	夏秋闲田种草面积	果园隙地种草面积	"四边"地种草面积	其他类型种草面积	单位面积产量（千克/亩）	干草总产量（折合干草）/吨	青贮量/吨	收贮面积/万亩	灌溉比例/%
				农闲田种草面积/万亩									
重庆市	**合计**	**0.214**	**0.211**	**0.185**	**0.090**		**0.095**		**1 105.0**	**2 364.70**	**580**	**0.020**	
万州区	苏丹草	0.043	0.043	0.017			0.017		802	344.86			
忠　县	苏丹草	0.003							1 248	37.44			
奉节县	苏丹草	0.168	0.168	0.168	0.090		0.078		1 180	1 982.40	580	0.020	100

表 2-17 饲用黑麦生产情况

行政区划	饲草种类	人工种草保留面积/万亩		农闲田种草面积/万亩					单位面积产量/(千克/亩)	干草总产量(折合干草)/吨	青贮量/吨	收贮面积/万亩	灌溉比例/%
			当年耕地种草面积	冬闲田种草面积	夏秋闲田种草面积	果园隙地种草面积	"四边"地种草面积	其他类型种草面积					
重庆市	合计	0.121	0.121	0.090			0.031		560	677.60			
奉节县	饲用黑麦	0.121	0.121	0.090			0.031		560	677.60			

表 2-18 饲用燕麦生产情况

行政区划	饲草种类	人工种草保留面积/万亩		农闲田种草面积/万亩					单位面积产量/(千克/亩)	干草总产量(折合干草)/吨	青贮量/吨	收贮面积/万亩	灌溉比例/%
			当年耕地种草面积	冬闲田种草面积	夏秋闲田种草面积	果园隙地种草面积	"四边"地种草面积	其他类型种草面积					
重庆市	合计	0.052	0.052	0.050				0.050	978.1	508.60			
巫溪县	饲用燕麦	0.050	0.050	0.050				0.050	1 000	500.00			
秀山县	饲用燕麦	0.002	0.002						430	8.60			

表 2 - 19　墨西哥类玉米生产情况

行政区划	饲草种类	人工种草保留面积/万亩	当年耕地种草面积/万亩	农闲田种草面积/万亩					单位面积产量(千克/亩)	干草总产量(折合干草/吨)	青贮量/吨	收贮面积/万亩	灌溉比例/%
				冬闲田种草面积	夏秋闲田种草面积	果园隙地种草面积	"四边"地种草面积	其他类型种草面积					
重庆市													
合计		**0.034**	**0.032**	**0.010**			**0.010**		**1 365.6**	**464.30**	**177**	**0.007**	
万州区	墨西哥类玉米	0.008	0.008	0.008			0.008		891	71.28	27	0.005	
永川区	墨西哥类玉米	0.002							1 351	27.02			
铜梁区	墨西哥类玉米	0.003	0.003						1 000	30.00			
酉阳县	墨西哥类玉米	0.021	0.021	0.002			0.002		1 600	336.00	150	0.002	

表 2 - 20　饲用块根块茎作物生产情况

行政区划	饲草种类	人工种草保留面积/万亩	当年耕地种草面积	农闲田种草面积/万亩 合计	冬闲田种草面积	夏秋闲田种草面积	果园隙地种草面积	"四边"地种草面积	其他类型种草面积	单位面积产量/(千克/亩)	干草总产量(折合干草)/吨	青贮量/吨	收贮面积/万亩	灌溉比例/%
重庆市	合计	9.260	7.878	4.723	1.410	1.815	0.463	0.187	0.848	602.5	55 794.45	36 200	1.85	
万州区	饲用块根块茎作物	1.985	1.298	0.908		0.230			0.678	678	13 458.30	36 200	1.85	
开州区	饲用块根块茎作物	1.030	1.030							620	6 386.00			30
城口县	饲用块根块茎作物	0.730	0.730	0.730	0.300	0.425		0.005		375	2 737.50			
垫江县	饲用块根块茎作物	0.590								670	3 953.00			
忠　县	饲用块根块茎作物	0.105								453	475.65			100
云阳县	饲用块根块茎作物	1.100	1.100	1.100		1.100				400	4 400.00			
奉节县	饲用块根块茎作物	2.200	2.200	1.340	1.060	0.060	0.100	0.090	0.030	630	13 860.00			
巫山县	饲用块根块茎作物	0.400	0.400							800	3 200.00			
巫溪县	饲用块根块茎作物	0.200	0.200	0.200	0.050		0.060	0.090		800	1 600.00			
秀山县	饲用块根块茎作物	0.440	0.440	0.440			0.300		0.140	810	3 564.00			
酉阳县	饲用块根块茎作物	0.480	0.480	0.005			0.003	0.002		450	2 160.00			

四、商品草生产情况

2023 年，重庆市商品草生产情况见表 2-21。

表 2-21　商品草

行政区划	饲草种类	饲草类别	生产面积/万亩	单位面积产量/（千克/亩）
重庆市	**合计**		**1.121**	**2 366**
黔江区	狼尾草	多年生	0.020	2 800
黔江区	青贮玉米	一年生	0.050	1 320
永川区	狼尾草	多年生	0.101	2 651
璧山区	狼尾草	多年生	0.008	2 000
铜梁区	狼尾草	多年生	0.010	3 000
荣昌区	狼尾草	多年生	0.090	2 500
丰都县	狼尾草	多年生	0.150	2 480
忠县	狼尾草	多年生	0.060	2 441
酉阳县	狼尾草	多年生	0.032	2 900
彭水县	狼尾草	多年生	0.600	2 300

生产情况

干草总产量 （折合干草）/吨	商品干草 总产量/吨	商品干草 销售量/吨	青贮量/吨	青贮销售 量/吨	灌溉 比例/%
26 520. 11			**33 520**	**25 430**	
560. 00			1 550	1 550	
660. 00			1 450	1 450	
2 677. 51			8 000	8 000	100
160. 00			160	160	
300. 00			800	800	
2 250. 00			6 570	6 570	
3 720. 00			6 200		
1 464. 60			3 190	3 100	100
928. 00			600	600	
13 800. 00			5 000	3 200	100

五、草产品加工企业生产情况

2023年，重庆市草产品加工企业生产情况见表2-22。

表2-22 草产品加工

行政区划	企业名称	饲草种类	饲草类别	干草实际生产量/吨
重庆市				
黔江区	重庆市黔江八面山寨农业综合开发有限责任公司	狼尾草	多年生	
黔江区	重庆市黔江区黑溪镇郁柳畜禽家庭养殖场	青贮玉米	一年生	
永川区	河北交投农业科技有限公司重庆分公司	狼尾草	多年生	
璧山区	重庆市璧山区佰佑农机专业合作社联合社	狼尾草	多年生	
铜梁区	重庆市放歌农业科技有限公司	狼尾草	多年生	
荣昌区	重庆物华天宝生态农业科技股份有限公司	狼尾草	多年生	
荣昌区	重庆益昌隆生态农业有限公司	狼尾草	多年生	
荣昌区	重庆忠华盛世生态农业发展有限公司	狼尾草	多年生	
丰都县	丰都县大地牧歌农业发展有限公司	狼尾草	多年生	
忠　县	重庆市畜粮农业发展有限公司	狼尾草	多年生	
忠　县	重庆万钱军粮牧草种植有限公司	狼尾草	多年生	
酉阳县	酉阳县翰勇皇竹草种植专业合作社	狼尾草	多年生	
彭水县	重庆如泰裕丰农业公司	狼尾草	多年生	

企业生产情况

草捆 产量/吨	草块 产量/吨	草颗粒 产量/吨	草粉 产量/吨	其他 产量/吨	青贮产品 生产量/吨	草种 生产量/吨
					33 520	
					1 550	
					1 450	
					8 000	
					160	
					800	
					4 825	
					1 096	
					649	
					6 200	
					1 540	
					1 650	
					600	
					5 000	

六、农闲田可种草面积和已种草面积情况

2023 年，重庆市农闲田可种草面积和已种草面积情况见表 2-23。

表 2-23　农闲田可种草

行政区划	农闲田可种草面积/万亩					
	冬闲田可种草面积	夏秋闲田可种草面积	果园隙地可种草面积	"四边"地可种草面积	其他类型可种草面积
重庆市	526.565	294.186	90.221	78.668	37.069	26.421
万州区	32.930	5.350	5.360	13.880	5.960	2.380
涪陵区	1.407	0.340	0.130	0.400	0.077	0.460
北碚区	0.040				0.040	
綦江区	36.200	29.500	3.200	2.000	1.500	
大足区	39.600	30.000	8.000	0.600	0.500	0.500
渝北区	2.530	1.000		1.500		0.030
黔江区	23.910	7.140	5.760	5.480	2.110	3.420
长寿区	24.000	18.000		4.000	2.000	
江津区	14.880	10.800	2.000	0.800	0.850	0.430
合川区	1.200			0.800	0.400	
永川区	34.170	24.500	9.100	0.170	0.300	0.100
南川区	3.600	1.000	1.000	0.600	0.500	0.500
璧山区	20.250	14.800	4.900	0.200	0.250	0.100
铜梁区	0.393	0.015	0.013	0.030	0.060	0.275
潼南区	2.300	0.900	0.900	0.300	0.200	
荣昌区	55.200	55.200				
开州区	1.048	0.877		0.171		
梁平区	0.023		0.023			
城口县	3.270	0.350	1.350	0.700	0.790	0.080
丰都县	50.410	18.850	10.000	14.860	6.700	
垫江县	0.400				0.400	
武隆县	3.710	1.400	1.200	0.600	0.010	0.500
忠　县	72.865	36.353	23.492	8.001	2.978	2.041
云阳县	15.620	4.820	4.000	4.500	2.300	
奉节县	21.440	8.700	3.440	5.600	2.450	1.250
巫山县	12.337	7.431	0.823	1.986	0.612	1.485
巫溪县	6.040	0.100	0.150	0.250	0.240	5.300
石柱县	31.430	10.460	4.080	5.410	5.230	6.250
秀山县	1.202	0.300	0.200	0.400	0.002	0.300
酉阳县	5.860	5.000	0.500	0.230	0.110	0.020
彭水县	8.300	1.000	0.600	5.200	0.500	1.000

面积和已种草面积情况

农闲田已种草面积/万亩					
农闲田已种草面积	冬闲田已种草面积	夏秋闲田已种草面积	果园隙地已种草面积	"四边"地已种草面积	其他类型已种草面积
15.055	**4.593**	**4.478**	**1.011**	**1.331**	**3.642**
1.568	0.067	0.230	0.120	0.473	0.678
0.114	0.034			0.077	0.003
0.002				0.002	
0.132	0.070	0.012		0.050	
0.153	0.022	0.033	0.080	0.018	
1.400					1.400
0.100	0.040		0.020	0.040	
0.086			0.010	0.076	
0.940	0.340		0.250	0.230	0.120
0.013			0.001	0.004	0.008
0.712	0.280	0.412	0.020		
0.020	0.020				
0.038	0.022		0.016		
0.002		0.002			
0.785	0.300	0.425		0.005	0.055
0.645		0.645			
0.994	0.450	0.229		0.003	0.312
0.028	0.028				
3.610	1.650	1.960			
1.983	1.210	0.370	0.121	0.252	0.030
0.014	0.002	0.010	0.001	0.001	
1.000	0.050		0.069	0.090	0.791
0.691		0.150	0.300		0.241
0.025	0.008		0.003	0.010	0.004

七、农闲田种草情况

2023 年，重庆市农闲田种草情况见表 2 - 24。

表 2 - 24　农闲田种草情况

行政区划	饲草种类	饲草类别	合计	冬闲田已种草面积	夏秋闲田已种草面积	果园隙地已种草面积	"四边"地已种草面积	其他类型已种草面积
重庆市	合计		15.055	4.593	4.478	1.011	1.331	3.642
	小计		1.568	0.067	0.230	0.120	0.473	0.678
	白三叶	多年生	0.075				0.015	
	红三叶	多年生	0.092			0.060	0.032	
	菊苣	多年生	0.017				0.017	
	狼尾草	多年生	0.096				0.096	
	苇状羊茅	多年生	0.120				0.120	
万州区	多花黑麦草	一年生	0.235	0.067			0.168	
	墨西哥类玉米	一年生	0.008				0.008	
	饲用块根块茎作物	一年生	0.908		0.230			0.678
	苏丹草	一年生	0.017				0.017	

（续）

行政区划	饲草种类	饲草类别	已种草面积	农闲田已种草面积/万亩		果园隙地已种草面积	"四边"地已种草面积	其他类型已种草面积
				冬闲田已种草面积	夏秋闲田已种草面积			
涪陵区	**小计**		**0.114**	**0.034**			**0.077**	**0.003**
	多花黑麦草	一年生	0.100	0.020			0.077	0.003
	青贮青饲高粱	一年生	0.014	0.014				
北碚区	**小计**		**0.002**				**0.002**	
	狼尾草	多年生	0.002				0.002	
綦江区	**小计**		**0.132**	**0.070**	**0.012**		**0.050**	
	多花黑麦草	一年生	0.100	0.070			0.030	
	青贮青饲高粱	一年生	0.012		0.002		0.010	
	青贮玉米	一年生	0.020		0.010		0.010	
大足区	**小计**		**0.153**	**0.022**	**0.033**	**0.080**	**0.018**	
	多花黑麦草	一年生	0.102	0.022		0.080		
	青贮青饲高粱	一年生	0.031		0.023		0.008	
	青贮玉米	一年生	0.020		0.010		0.010	
黔江区	**小计**		**1.400**					**1.400**

（续）

行政区划	饲草种类	饲草类别		农闲田已种草面积/万亩		果园隙地已种草面积	"四边"地已种草面积	其他类型已种草面积
				冬闲田已种草面积	夏秋闲田已种草面积			
黔江区	狼尾草	多年生	0.300					0.300
	青贮玉米	一年生	1.100					1.100
江津区	小计		0.100	0.040		0.020	0.040	
	多花黑麦草	一年生	0.100	0.040		0.020	0.040	
合川区	小计		0.086			0.010	0.076	
	多花黑麦草	一年生	0.030			0.010	0.020	
	青贮玉米	一年生	0.056				0.056	
南川区	小计		0.940	0.340		0.250	0.230	0.120
	白三叶	多年生	0.050				0.050	
	多年生黑麦草	多年生	0.080				0.030	0.050
	狼尾草	多年生	0.030					0.030
	多花黑麦草	一年生	0.780	0.340		0.250	0.150	0.040
璧山区	小计		0.013			0.001	0.004	0.008
	狼尾草	多年生	0.008					0.008
	多花黑麦草	一年生	0.005			0.001	0.004	

（续）

行政区划	饲草种类	饲草类别	小计	冬闲田已种草面积	夏秋闲田已种草面积	果园隙地已种草面积	"四边"地已种草面积	其他类型已种草面积
遂南区	小计		**0.712**	**0.280**	**0.412**	**0.020**		
	多花黑麦草	一年生	0.300	0.280		0.020		
	青贮玉米	一年生	0.412		0.412			
荣昌区	小计		**0.020**	**0.020**				
	多花黑麦草	一年生	0.020	0.020				
开州区	小计		**0.038**	**0.022**		**0.016**		
	多花黑麦草	一年生	0.038	0.022		0.016		
梁平区	小计		**0.002**		**0.002**			
	青贮青饲高粱	一年生	0.002		0.002			
城口县	小计		**0.785**	**0.300**	**0.425**		**0.005**	**0.055**
	青贮青饲高粱	一年生	0.005					0.005
	青贮玉米	一年生	0.050					0.050
	饲用玉米根块茎作物	一年生	0.730	0.300	0.425		0.005	
丰都县	小计		**0.645**		**0.645**			
	青贮青饲高粱	一年生	0.230		0.230			

（续）

行政区划	饲草种类	饲草类别		农闲田已种草面积/万亩				
				冬闲田已种草面积	夏秋闲田已种草面积	果园隙地已种草面积	"四边"地已种草面积	其他类型已种草面积
丰都县	青贮玉米	一年生	0.415		0.415			
武隆县	小计		0.994	0.450	0.229		0.003	0.312
	白三叶	多年生	0.004				0.003	0.001
	多花黑麦草	一年生	0.760	0.450				0.310
	青贮青饲高粱	一年生	0.100		0.100			
	青贮玉米	一年生	0.130		0.129			0.001
忠　县	小计		0.028	0.028				
	多花黑麦草	一年生	0.028	0.028				
云阳县	小计		3.610	1.650	1.960			
	多花黑麦草	一年生	1.650	1.650				
	青贮青饲高粱	一年生	0.540		0.540			
	青贮玉米	一年生	0.320		0.320			
	饲用块根块茎作物	一年生	1.100		1.100			
奉节县	小计		1.983	1.210	0.370	0.121	0.252	0.030
	白三叶	多年生	0.001				0.001	

（续）

行政区划	饲草种类	饲草类别	已种草面积	农闲田已种草面积/万亩				其他类型已种草面积
				冬闲田已种草面积	夏秋闲田已种草面积	果园隙地已种草面积	"四边"地已种草面积	
奉节县	红三叶	多年生	0.001				0.001	
	聚合草	多年生	0.001			0.001		
	狼尾草	多年生	0.001				0.001	
	多花黑麦草	一年生	0.130	0.060		0.020	0.050	
	青贮玉米	一年生	0.220		0.220			
	饲用黑麦	一年生	0.121	0.090			0.031	
	饲用块根块茎作物	一年生	1.340	1.060	0.060	0.100	0.090	0.030
	苏丹草	一年生	0.168	0.000	0.090		0.078	
	小计		**0.014**	**0.002**	**0.010**	**0.001**	**0.001**	
巫山县	白三叶	多年生	0.001				0.001	
	多花黑麦草	一年生	0.003	0.002				0.001
	青贮玉米	一年生	0.010		0.010			
	小计		**1.000**	**0.050**		**0.069**	**0.090**	**0.791**
巫溪县	多年生黑麦草	多年生	0.010			0.009		0.001
	多花黑麦草	一年生	0.240					0.240

（续）

行政区划	饲草种类	饲草类别	已种草面积/万亩	农闲田已种草面积/万亩				
				冬闲田已种草面积	夏秋闲田已种草面积	果园隙地已种草面积	"四边"地已种草面积	其他类型已种草面积
巫溪县	青贮青饲高粱	一年生	0.180					0.180
	青贮玉米	一年生	0.320					0.320
	饲用块根块茎作物	一年生	0.200	0.050		0.060	0.090	
	饲用燕麦	一年生	0.050					0.050
秀山县	狼尾草	多年生	0.001					0.001
	青贮玉米	一年生	0.250		0.150			0.100
	饲用块根块茎作物	一年生	0.440			0.300		0.140
	小计		**0.691**		**0.150**	**0.300**		**0.241**
西阳县	多年生黑麦草	多年生	0.003				0.003	
	多花黑麦草	多年生	0.010	0.003			0.003	0.004
	墨西哥类玉米	一年生	0.002				0.002	
	饲用块根块茎作物	一年生	0.005			0.003	0.002	
	紫云英（非绿肥）	一年生	0.005	0.005				
	小计		**0.025**	**0.008**		**0.003**	**0.010**	**0.004**

八、农副资源饲用情况

2023 年，重庆市农副资源饲用情况见表 2 - 25。

表 2 - 25　农副资源饲用情况

行政区划	农副产品种类	生产量/吨	饲用量/吨	加工饲用量/吨
重庆市	合计	4 728 567	1 336 134	180 821
万州区	小计	288 670	158 134	60 736
	玉米秸	126 534	94 901	60 736
	稻秸	162 136	63 233	
涪陵区	小计	708 600	20 050	
	玉米秸	650 100	4 600	
	稻秸	58 500	3 600	
	酒糟		8 450	
	豆渣		3 400	
綦江区	小计	1 050	2 010	1 050
	玉米秸	980	980	980
	稻秸	70	70	70
	酒糟		960	
大足区	小计	61 821	5 157	
	红薯秧		2 852	
	玉米秸	59 421	2 150	
	稻秸	2 400	125	
	其他农副资源		30	
巴南区	小计	200	200	200
	玉米秸	200	200	200
黔江区	小计	317 800	339 650	54 500
	玉米秸	172 500	162 500	8 500

（续）

行政区划	农副产品种类	生产量/吨	饲用量/吨	加工饲用量/吨
黔江区	稻秸	74 100	32 050	21 000
	其他秸秆	71 200	35 600	25 000
	酒糟		109 500	
长寿区	小计	**186 823**	**42 939**	**18 639**
	红薯秧		10 677	
	玉米秸	76 041	20 710	18 639
	稻秸	110 782	8 632	
	酒糟		2 920	
江津区	小计	**512 000**	**28 510**	**40**
	红薯秧		2 500	
	玉米秸	143 800	5 030	40
	稻秸	368 200	2 630	
	酒糟		16 000	
	甘蔗梢		2 350	
合川区	小计	**522 750**	**5 674**	**57**
	红薯秧		449	
	玉米秸	214 500	2 145	22
	稻秸	308 250	3 080	35
永川区	小计	**323 295**	**28 916**	**126**
	麦秸	3 382	435	
	玉米秸	81 237	339	126
	稻秸	238 676	434	
	饼粕		25 763	
	酒糟		1 945	
南川区	小计	**110 850**	**98 250**	**10 000**
	红薯秧		50 000	
	玉米秸	110 850	30 000	10 000

（续）

行政区划	农副产品种类	生产量/吨	饲用量/吨	加工饲用量/吨
南川区	酒糟		18 250	
璧山区	小计	**282 017**	**25 742**	
	红薯秧		19 764	
	玉米秸	70 015	2 549	
	稻秸	212 002	3 429	
潼南区	小计	**26 772**	**14 464**	**10 321**
	红薯秧		926	
	玉米秸	26 772	10 321	10 321
	酒糟		3 217	
荣昌区	小计	**8 000**	**4 000**	**1 500**
	玉米秸	8 000	4 000	1 500
开州区	小计	**149 000**	**14 160**	**1 180**
	红薯秧		2 150	
	玉米秸	149 000	1 630	1 180
	酒糟		10 380	
梁平区	小计	**4 473**	**4 491**	**1 207**
	麦秸	1 578	629	372
	稻秸	2 895	1 276	835
	酒糟		2 586	
城口县	小计	**42 260**	**11 635**	**45**
	红薯秧		11 300	
	玉米秸	42 150	315	45
	其他秸秆	110	20	
丰都县	小计	**168 239**	**248 255**	
	玉米秸	80 985	39 525	
	稻秸	87 254	1 149	
	酒糟		207 581	

（续）

行政区划	农副产品种类	生产量/吨	饲用量/吨	加工饲用量/吨
垫江县	小计	**199 035**	**43 047**	
	麦秸	1 328	151	
	红薯秧		12 420	
	花生秧		38	
	玉米秸	90 311	3 520	
	稻秸	107 396	7 199	
	酒糟		1 127	
	豆渣		1 716	
	其他农副资源		16 876	
武隆县	小计		**22 800**	
	红薯秧		15 000	
	酒糟		6 500	
	豆渣		1 300	
忠　县	小计		**4 680**	
	酒糟		4 602	
	其他农副资源		78	
云阳县	小计	**110 000**	**23 000**	
	红薯秧		5 000	
	玉米秸	50 000	8 000	
	稻秸	60 000	2 000	
	酒糟		8 000	
奉节县	小计	**208 800**	**76 620**	**11 840**
	红薯秧		13 400	
	玉米秸	179 800	54 000	8 940
	稻秸	29 000	8 700	2 900
	酒糟		520	

（续）

行政区划	农副产品种类	生产量/吨	饲用量/吨	加工饲用量/吨
巫山县	**小计**	**81 730**	**34 400**	
	红薯秧		3 200	
	玉米秸	81 730	31 200	
巫溪县	**小计**	**4 100**	**3 640**	**3 640**
	玉米秸	4 100	3 640	3 640
石柱县	**小计**	**56 003**	**6 500**	**2 800**
	玉米秸	56 003	6 500	2 800
秀山县	**小计**	**35 000**	**12 530**	
	红薯秧		1 500	
	稻秸	35 000	2 400	
	酒糟		7 500	
	豆渣		1 130	
酉阳县	**小计**	**269 079**	**31 000**	**2 940**
	麦秸	199	83	
	红薯秧		145	
	玉米秸	149 821	8 107	910
	稻秸	116 325	15 905	2 030
	其他秸秆	2 734	660	
	酒糟		6 100	
彭水县	**小计**	**50 200**	**25 680**	
	红薯秧		1 200	
	玉米秸	48 000	22 000	
	稻秸	2 200	1 200	
	酒糟		1 200	
	豆渣		80	

第三章

天然饲草地利用统计

2022 年，重庆市天然饲草地利用情况见表 3 - 1。

表 3 - 1　天然草地利用情况

行政区划	累计承包面积/万亩				禁牧休牧轮牧面积/万亩				天然草地利用面积/万亩		
		承包到户面积	承包到联户面积	其他承包形式面积		禁牧面积	休牧面积	轮牧面积		打贮草面积	刈牧兼用面积	其他方式利用面积
重庆市	133.113	**96.596**	**6.772**	29.745	77.073	**28.471**	17.111	31.491	205.241	**8.102**	30.677	166.462
万州区	3.060	1.980	0.660	0.420	6.800	1.130	1.850	3.820	15.848	1.290	0.098	14.460
涪陵区	1.210	1.000	0.200	0.010	0.003	0.001	0.001	0.001	2.740	0.100	0.450	2.190
北碚区												
綦江区	0.100	0.100			0.080		0.050	0.030	0.200			0.200

（续）

行政区划	累计承包面积/万亩				禁牧休牧轮牧面积/万亩				天然草地利用面积/万亩			
		承包到户面积	承包到联户面积	其他承包形式面积		禁牧面积	休牧面积	轮牧面积		打贮草面积	刈牧兼用面积	其他方式利用面积
大足区	8.100	5.300	2.200	0.600	3.700	1.000	0.700	2.000	5.311	0.001	1.590	3.720
渝北区									2.670			2.670
巴南区									0.230			0.230
黔江区	0.600	0.600							3.255		0.550	2.705
长寿区									0.301		0.300	0.001
江津区									0.680		0.150	0.530
合川区	0.250	0.250							0.240	0.200	0.020	0.020
永川区	0.120	0.120							0.150	0.030	0.100	0.020
南川区	3.900	3.900			2.510	1.510	1.000		3.970	1.900	1.620	0.450
璧山区									0.503	0.002	0.001	0.500
铜梁区	2.920	2.920							2.920			2.920
潼南区	0.900	0.400		0.500	0.300	0.300			1.080		0.700	0.380
荣昌区									0.260		0.260	
开州区	11.130			11.130	11.960	5.850	2.690	3.420	19.580	0.790	1.500	17.290

（续）

行政区划	累计承包面积/万亩				禁牧休牧轮牧面积/万亩				天然草地利用面积/万亩			
	（小计）	承包到户面积	承包到联户面积	其他承包形式面积	（小计）	禁牧面积	休牧面积	轮牧面积	（小计）	打贮草面积	刈牧兼用面积	其他方式利用面积
梁平区	0.400	0.400							0.425	0.088	0.128	0.209
城口县	1.790	1.180	0.120	0.490	0.410	0.210	0.080	0.120	6.720		0.150	6.570
丰都县	5.330	1.210		4.120								
垫江县	6.700	3.820	1.930	0.950	12.000	9.000	2.000	1.000	0.001			0.001
武隆县	0.077	0.042		0.035					8.000			8.000
忠县	14.100	14.100			0.800	0.800			8.158		0.037	8.121
云阳县	9.090	6.400	1.420	1.270	11.600	1.800	1.400	8.400	14.500		2.200	12.300
奉节县	0.516	0.414	0.102		7.940	4.150	1.230	2.560	0.529	0.041	0.203	0.285
巫山县	24.110	23.750	0.140	0.220	4.370	1.120	1.110	2.140	23.250	0.480	0.670	22.100
巫溪县	6.320	6.320							8.460	1.860	4.600	2.000
石柱县	7.090	7.090			0.600	0.600			2.200		0.050	2.150
秀山县	0.300	0.300										
酉阳县	25.000	15.000		10.000					48.060	0.320	14.300	33.440
彭水县					14.000	1.000	5.000	8.000	25.000	1.000	1.000	23.000

第四章

重庆市草业相关地方
标准制定情况(2022—2023年)

2022—2023年，重庆市草业相关地方标准制定情况见表4-1。

表4-1 重庆市草业相关地方标准制定情况

序号	地方标准编号	地方标准名称	代替标准编号	发布日期	实施日期
1	DB50/T 1237—2022	中小规模肉牛养殖场粪污处理与利用技术规范	—	2022-04-20	2022-07-20
2	DB50/T 1250—2022	饲用马棘生产技术规程	—	2022-06-01	2022-09-01
3	DB50/T 1251—2022	杂交狼尾草青贮质量评定	—	2022-06-01	2022-09-01
4	DB50/T 1299—2022	饲用甜高粱与多花黑麦草轮作技术规范	—	2022-09-30	2022-12-30
5	DB50/T 1314—2022	肉牛抗热应激饲养管理技术规范	—	2022-12-25	2023-02-25
6	DB50/T 1315—2022	肉牛家庭农场养殖技术规范	—	2022-12-25	2023-02-25
7	DB50/T 1316—2022	肉牛后期快速育肥技术规范	—	2022-12-25	2023-02-25
8	DB50/T 1368—2023	饲用燕麦种植技术规程	—	2023-03-15	2023-05-15

（续）

序号	地方标准编号	地方标准名称	代替标准编号	发布日期	实施日期
9	DB50/T 1369—2023	饲用黑麦种植技术规程	—	2023-03-15	2023-05-15
10	DB50/T 1388—2023	饲用甜高粱与饲用燕麦轮作技术规范	—	2023-04-18	2023-07-18
11	DB50/T 1463.1—2023	牛羊布鲁氏菌病防控技术规范 第1部分：总则	—	2023-09-15	2023-12-15
12	DB50/T 1463.2—2023	牛羊布鲁氏菌病防控技术规范 第2部分：人员防护	—	2023-09-15	2023-12-15
13	DB50/T 1463.3—2023	牛羊布鲁氏菌病防控技术规范 第3部分：流行病学调查	—	2023-09-15	2023-12-15
14	DB50/T 1463.4—2023	牛羊布鲁氏菌病防控技术规范 第4部分：牛羊养殖场风险评估	—	2023-09-15	2023-12-15
15	DB50/T 1463.5—2023	牛羊布鲁氏菌病防控技术规范 第5部分：净化	—	2023-09-15	2023-12-15
16	DB50/T 1484—2023	黑麦草与三叶草混播栽培技术规程	—	2023-09-18	2023-12-18
17	DB50/T 386—2023	大足黑山羊种公羊饲养管理技术规范	DB50/T 386—2011	2023-09-18	2023-12-18
18	DB50/T 502—2023	大足黑山羊圈舍建设技术规范	DB50/T 502—2013	2023-09-18	2023-12-18
19	DB50/T 1513—2023	大黑山薏苡与稻草混合青贮技术规程	—	2023-11-20	2024-02-20

附录一
草业统计指标解释

（一）天然饲草利用情况

1. 累计承包面积

明确了承包经营权的用于畜牧业生产的天然草地面积。其形式包括承包到户、承包到联户和其他承包形式，三者之间没有包含关系。单位为万亩，最多3位小数。

2. 禁牧休牧轮牧面积

为禁牧面积、休牧面积、轮牧面积之和，三者之间没有包含关系。禁牧面积是指全年不放牧的面积。休牧面积是指当年一定时期禁止放牧利用的面积。轮牧面积是指划区轮牧面积和分区轮牧面积，按季节草场和放牧小区依次轮回或循环放牧的面积。单位为万亩，最多3位小数。

3. 天然草地利用面积

为天然草地用于畜牧业生产的面积，包括打贮草面积、刈牧兼用面积和其他方式利用的面积，三者之间没有包含关系。单位为万亩，最多3位小数。

（二）多年生牧草生产情况

1. 当年新增人工种草面积

当年经过翻耕、播种，人工种植牧草（草本、半灌木和灌木）的面积，不包括压肥面积。同一块地块上多次播种同种多年生种类，面积不重复计算。多种类牧草混合播种，按照一种主要牧草种类统计。单位为万亩，最多 3 位小数。

2. 当年耕地种草面积

当年在农耕地上种植牧草的面积。包含农闲田种草面积。单位为万亩，最多 3 位小数。

3. 农闲田种草面积

在可以种植而未种植农作物的短期闲置农耕地（农闲田）种植牧草的面积，包括冬闲田种草面积、夏秋闲田种草面积、果园隙地种草面积、"四边"地种草面积和其他类型种草面积，相互之间没有包含关系。

4. 冬闲田（冬春闲田）种草面积

利用冬季至春末闲置的农耕地种植牧草，并能够达到牧草成熟或适合收割用作牲畜饲草的面积。注意分辨某些种类是否适合在冬闲田种植，是否影响后续农作。用作绿肥的不做统计。单位为万亩，最多 3 位小数。

5. 夏秋闲田面积

利用夏季至秋末闲置的农耕地种植牧草用作牲畜饲草的面积。注意分辨某些种类是否适合在夏秋闲田种植，是否影响后续农作。用作绿肥的不做统计。单位为万亩，最多 3 位小数。

6. 果园隙地面积

利用果园空隙地种植牧草用于牲畜饲草的面积。注意分辨某些种类是否适合在果园隙地种植，是否影响果园正常管理。种植牧草用作果园保护、绿肥或者生境改善的面积不做统计。单位为万亩，最多 3 位小数。

7. "四边"地面积

利用村边、渠边、路边、沟边的空隙地种植牧草用作牲畜饲草的面积。所种牧草不用作牲畜饲草的面积不做统计。单位为万亩，最多 3 位小数。

8. 其他类型面积

利用除冬闲田、夏秋闲田、果园隙地和"四边"地以外的农闲田种植牧草用作牲畜饲草的面积。所种牧草不用作牲畜饲草的面积不做统计。单位为万亩，最多 3 位小数。

9. 人工种草保留面积

经过人工种草措施处理后进行生产的面积，包含往年种植且在当年生产的面积和当年新增人工种草面积。多种类牧草混合播种，按一种主要牧草种类统计。单位为万亩，最多 3 位小数。

10. 人工种草单产

种草保留面积上单位面积干草的产量。保留面积有数值，单产为必填项。单位为千克/亩，取整数，计干重。

11. 鲜草实际青贮量

当年青贮加工的鲜草数量。注意分辨某些种类是否真实用作青贮或能够青贮，填报数为青贮时的数量。单位为吨，取整数。

12. 灌溉比例

实际进行灌溉的面积比例，不计灌溉次数。单位为％，取整数。

（三）一年生牧草生产情况

1. 牧草类型

包括一年生牧草种类、越年生牧草种类和饲用作物。饲用作物是指以生产青饲料为目的且用于草食牲畜饲喂的作物。

2. 当年种草面积

当年种植且在当年进行生产的面积，用作绿肥的面积不做统计。同一块地不同季节种植不同牧草，分别按照牧草种类统计面积。同一地块多次重复种植同种牧草的面积不累计。多种类牧草混合播种，按一种主要牧草种类统计。单位为万亩，最多 3 位小数。

3. 灌溉比例

实际进行灌溉的面积比例，不计灌溉次数。单位为％，取整数。

4. 单位面积产量

单位面积上干草产量。饲用作物折合干重。单位为千克/亩，取整数，计干重。

5. 鲜草实际青贮量

当年实际青贮的鲜草数量。注意分辨某些种类是否真实用作青贮或能够青贮。单位为吨，取整数。

6. 当年耕地种草面积

当年在农耕地上种植牧草的面积。包含农闲田种草面积。单位为万亩，最多3位小数。

7. 农闲田种草面积

在可以种植而未种植农作物的短期闲置农耕地（农闲田）种植牧草的面积，包括冬闲田种草面积、夏秋闲田种草面积、果园隙地种草面积、"四边"地种草面积和其他类型种草面积，相互之间没有包含关系。

8. 冬闲田（冬春闲田）种草面积

利用冬季至春末闲置的农耕地种植牧草，并能够达到牧草成熟或适合收割用作牲畜饲草的面积。注意分辨某些种类是否适合在冬闲田种植，是否影响后续农作。用作绿肥的不做统计。单位为万亩，最多3位小数。

9. 夏秋闲田面积

利用夏季至秋末闲置的农耕地种植牧草用作牲畜饲草的面积。注意分辨某些种类是否适合在夏秋闲田种植，是否影响后续农作。用作绿肥的不做统计。单位为万亩，最多3位小数。

10. 果园隙地面积

利用果园空隙地种植牧草用于牲畜饲草的面积。注意分辨某些种类是否适合在果园隙地种植，是否影响果园正常管理。种植牧草用作果园保护、绿肥或者生态环境改善的面积不做统计。单位为万亩，最多3位小数。

11. "四边"地面积

利用村边、渠边、路边、沟边的空隙地种植牧草用作牲畜饲草的面积。所种牧草不用作牲畜饲草的面积不做统计。单位为万亩，最多3位小数。

12. 其他类型面积

除冬闲田、夏秋闲田、果园隙地和"四边"地以外的农闲田种植牧草用作牲畜饲草的面积。所种牧草不用作牲畜饲草的面积不做统计。单位为万亩，最多3位小数。

（四）牧草种子生产情况

1. 草种田面积

人工建植的专门用于生产牧草种子的面积，不含"天然草场采种"面积。单位为万亩，最多3位小数。

2. 单位面积产量

单位面积上草种干种子重量。单位为千克/亩，取整数。

3. 草场采种量

在天然或改良草地采集的多年生牧草种子量，不统计面积和单位面积产量。单位为吨，最多3位小数。

4. 灌溉比例

实际进行灌溉的草种田面积比例，不计灌溉次数。单位为％，取整数。

5. 草种销售量

当年销售的牧草种子数量。外购进来再次销售的数量不做统计。单位为吨，最多3位小数。

6. 牧草种类

选择"饲用块根块茎作物"时，填写"块根块茎种茎类名称"。"计量单位"填个、公斤、株、块等。"总数量"填写实际计量单位的数量。"每吨计量单位数量"填写每吨对应的计量单位数量。如："计量单位"填"株"，"总数量"为500 000（株），每吨对应计量单位数量5 000株，说明块根块茎种茎类牧草按照计量单位"株"统计，总数量为500 000株，每吨包含5 000株，总数量折合500 000÷5 000＝100吨。

（五）商品草生产情况

1. 生产面积

专门用于生产以市场流通交易为目的的商品牧草的种植面积。单位为万亩，最多3位小数。

2. 灌溉比例

实际进行灌溉的商品草生产面积比例，不计灌溉次数。单位为％，取整数。

3. 单位面积产量

单位面积上商品草干重。单位为千克/亩，取整数。

4. 商品干草总产量

实际生产的能够进行流通交易的商品干草数量。注意分辨某些种类是否实际生产干草。单位为吨，最多1位小数。

5. 商品干草销售量

实际销售的商品干草数量。单位为吨，最多1位小数。

6. 鲜草实际青贮量

实际青贮能够进行流通交易的商品鲜草数量。注意分辨某些种类是否实际青贮。单位为吨，取整数，不折合干重。

7. 青贮销售量

实际销售的青贮产品数量。单位为吨，取整数，不折合干重。

（六）草产品企业生产情况

1. 企业名称

包含草产品生产加工公司、合作社、厂（场）等。填写全称。

2. 干草实际生产量

实际生产的干草产品数量。包括草捆产量、草块产量、草颗粒产量、草粉产量和其他产量。注意分辨某些种类是否实际生产干草。单位为吨，最多1位小数。

3. 青贮产品生产量

实际青贮的鲜草数量。注意分辨某些种类是否实际青贮。单位为吨，最多1位小数。

4. 草种生产量

实际生产的牧草种子干重，不论是销售，还是自用。单位为吨，最多1位小数。

（七）农副资源饲用情况

1. 产量

农副资源可用作畜禽饲草料的生产总量。非秸秆类不统计产量。单位为吨，取整数。

2. 饲用量

农副资源实际饲喂畜禽的总量。单位为吨，取整数。

3. 加工饲用量

农副资源经过黄贮、微贮、氨化等加工后饲喂畜禽的总量。非秸秆类不统计加工饲用量。切碎、拉丝、粉碎等物理措施不算作加工。单位为吨，取整数。

（八）农闲田面积情况

1. 农闲田可种草面积

可以种植牧草的短期闲置农耕地面积，包括冬闲田可种草面积、夏秋闲田可种草面积、果园隙地可种草面积、"四边"地可种草面积和其他类型可种草面积，相互之间没有包含关系。单位为万亩，最多3位小数。

2. 农闲田已种草面积

是多年生牧草农闲田种草面积和一年生牧草农闲田种草面积的总和。已种草面积不得大于可种草面积。

3. 冬闲田（冬春闲田）可种草面积

冬季至春末可以种植牧草的闲置耕地面积。单位为万亩，最多3位小数。

4. 夏秋闲田可种草面积

夏季至秋末可以种植牧草的闲置耕地面积。单位为万亩，最多

3 位小数。

5. 果园隙地可种草面积

果园空隙地中可以种植牧草的面积。单位为万亩，最多 3 位小数。

6. "四边"地可种草面积

村边、渠边、路边、沟边的空隙地可以种植牧草的面积。单位为万亩，最多 3 位小数。

7. 其他类型可种草面积

除冬闲田、夏秋闲田、果园隙地和"四边"地以外的农闲田，可以种植牧草的面积。单位为万亩，最多 3 位小数。

资料来源：全国畜牧总站。

附录二

2023 年重庆市草业
主导品种和主推技术名录

一、重庆市农业农村委员会发布的 2023 年重庆市草业主导品种

重庆市农业农村委员会发布的 2023 年重庆市畜牧主导品种共 34 个，涉及牧草及饲用作物种类的有 7 个，即杂交狼尾草、多花黑麦草、青贮玉米、饲用甜高粱、饲用燕麦、白三叶、红三叶。

二、重庆市农业农村委员会发布的 2023 年重庆市草业主推技术

重庆市农业农村委员会发布的 2023 年重庆市畜牧主推技术共 23 项，涉及草业的有 8 项，见附表 1。

附表 1　2023 年重庆市草业主推技术

序号	推荐单位	技术名称
1	重庆市畜牧技术推广总站	多花黑麦草种植及利用技术
2	重庆市畜牧技术推广总站	杂交狼尾草种植及利用技术
3	重庆市畜牧技术推广总站	饲用甜高粱种植及利用技术
4	重庆市畜牧技术推广总站	饲用燕麦种植及利用技术
5	重庆市畜牧技术推广总站	白三叶种植及利用技术

（续）

序号	推荐单位	技术名称
6	重庆市畜牧技术推广总站	红三叶种植与利用技术
7	重庆市畜牧技术推广总站	青贮玉米种植及利用技术
8	重庆市畜牧技术推广总站	青贮饲料制作及科学利用技术

资料来源：文件《重庆市畜牧技术推广总站关于推介发布重庆市 2023 年度畜牧主导品种和主推技术的通知》（渝牧发〔2023〕17 号）。